Detlef Steves

ABGESPECKT!

MEINE REZEPTE GEGEN DEN JO-JO-EFFEKT

BLEIBT DRAN UND FÜHLT EUCH WOHL IN EURER HAUT

Wenn einer ein Lied vom Dicksein singen kann, dann bin ich das. Nach einer schlanken, sportlichen Kindheit und Jugend startete ich zum Jahrtausendwechsel mit meiner beruflichen Selbstständigkeit in meine „fetten Jahre". Ab 2009 und dem Beginn meiner Fernsehkarriere mit „Ab ins Beet!" konnten viele Fernsehzuschauer und Fans meinem Bauch gemeinsam mit mir beim Wachsen zusehen. So konnte das auf Dauer nicht weitergehen, und nachdem der Groschen endlich gefallen war, habe ich es tatsächlich geschafft, mit Unterstützung von Weight Watchers® in weniger als sechs Monaten 30 Kilo abzunehmen.

Im Nachhinein war diese Aktion das Beste, was mir passieren konnte. Mithilfe eines Coachs habe ich gelernt, mich gesund und lecker zu ernähren, ohne dabei verzichten oder hungern zu müssen. Und mein neues Wohlfühlgewicht habe ich tatsächlich bis heute gehalten. Ich fand schon als Kind Jo-Jo-Spielen doof und will deshalb auch vom Jo-Jo-Effekt nach dem Abnehmen gar nichts wissen. Darum achte ich auch weiterhin auf meine Ernährung, allerdings ohne dass der Genussfaktor zu kurz kommt. Tricks, wie man den inneren Schweinehund überwindet oder den Appetit in seine Schranken weist, und ein an meinen Tagesrhythmus angepasstes Work-out helfen mir dabei. Und wenn ich an meinem wöchentlichen Schiettag über die Stränge schlage, dann tue ich das heute in vollem Bewusstsein und mit ganz viel Genuss.

Mittlerweile kann ich mir selbst kaum noch vorstellen, wie ich in meinen „fetten Jahren" aussah. Daran erinnern mich nur noch alte Fotos: Ich bin nicht der Typ, der XXL-Hosen aufbewahrt, um anderen eindrucksvoll zu demonstrieren, wie viel ich abgenommen habe. Und auch wenn ich bis heute kein Sixpack habe – ich finde ja, mit über 40 braucht Mann generell keines mehr –, bin ich stolz auf das, was ich mit meiner Ernährungsumstellung erreicht habe. Und ihr könnt das auch werden, denn was ich geschafft habe, bekommt ihr genauso hin.

Keinesfalls kenne ich das Patentrezept zum Abnehmen, dazu sind die Menschen viel zu verschieden. Was bei mir geholfen hat, muss nicht für andere gelten. Was ich euch aber beweisen möchte, ist, wie toll und lecker gesundes Essen sein kann. Deshalb haue ich auf den folgenden Seiten gerne über 50 pornös gute Rezepte mit vielen Tipps für euch raus. Auch was ich an Erkenntnissen und Lehren aus meiner „Abspeck-Zeit" mitgenommen habe, möchte ich gerne an euch weitergeben. Den Schalter im Kopf müsst ihr allerdings selbst umlegen.

Ich bleibe dran, bleibt ihr es auch. Lasst es euch grandios gut schmecken und fühlt euch wohl in eurer Haut!

Euer Detlef

VORNEWEG

Essen heißt für mich genießen. In unserer Welt ist Genuss allerdings zum Überfluss geworden – das macht viele von uns auf Dauer dick und krank. Hat es auch bei mir gemacht. Um unser Wohlfühl-gewicht zurückzuerlangen, müssen wir wieder lernen, wie pompös gut gesunde, wenig verarbeitete Zutaten schmecken können. Nehmt noch ein regelmäßiges Work-out dazu, dann habt auch ihr bald wieder einen Beachbody.

ICH LIEBE ESSEN!

WIE DIE LIEBE

SOLLTE MAN MAHLZEITEN

BEWUSST

GENIESSEN.

MIT ESSEN WERDE ICH IMMER EIN THEMA HABEN

Ich bin ein absoluter Genussmensch. Schon immer habe ich gut und gerne gegessen, gleichzeitig aber auch viel Sport gemacht. Dementsprechend war ich sehr gut trainiert, bis ich 29 wurde und anfing, in der Gastronomie zu arbeiten. Von da an hatte ich von heute auf morgen keine Zeit mehr, Sport zu treiben. Mein Fehler war, dass ich ohne den Bewegungsausgleich weiterhin so aß wie vorher. Ich musste damals nicht unbedingt Hunger haben, um kurz vor dem Schlafengehen noch ein ganzes Graubrot mit Aufschnitt zu verdrücken. Damals habe ich beim Grillen 15 Koteletts geschafft – kein Thema, ich konnte und kann viel wegpacken. Fett und Zucker kamen nie zu kurz, das sind ja auch Geschmacksträger. Abends habe ich locker eine Tafel Schokolade und 'nen Pudding verdrückt. Oder eine Tüte Lakritz – die war ratzfatz leer, so schnell konnte man gar nicht gucken. Kein Wunder, dass sich ein Kilo nach dem anderen auf meinen ehemaligen Astralkörper schlich und ich bald einem Michelin-Männchen glich.

Zwischendrin hatte ich natürlich immer mal keine Böcke mehr auf ständig kneifende Hosen. Dann habe ich alle erdenklichen Diäten probiert – vom Verzicht auf Kohlenhydrate bis hin zu FdH. Aber meist war das Thema nach vier, fünf Tagen wieder durch, weil ich einfach nicht satt wurde oder weil ich es blöd fand, nicht mehr essen zu dürfen, was mir schmeckt. Auf der anderen Seite habe ich mich selbst auch gar nicht so dick gesehen, wie ich tatsächlich war. Und mein Gewicht hat mich auch nicht wirklich gestört, damit hatte ich mich abgefunden oder – besser gesagt – mir das so zurechtgelegt.

UND DANN HAT ES KLICK GEMACHT…

Eines schönen Tages klopfte Weight Watchers© dann an meine Tür und bot mir Hilfe an. Da luden mich also unaufgefordert vollkommen fremde Menschen zum Abnehmen ein – das war ein ganz schön krasses Gefühl! Und ich fragte mich, wie dick ich eigentlich sein musste, dass die einfach so auf mich zukamen?! „Beleidigt" ist vielleicht nicht der richtige Ausdruck, aber das ging schon etwas an die Ehre. Dementsprechend war ich anfangs gar nicht so begeistert von der Idee, entschloss mich letztlich aber, es einfach mal auszuprobieren. Konnte ja nicht schaden! Die ersten drei Wochen waren für mich eine echte Qual, denn ich hasse es, wenn man mir etwas auferlegt oder aufzwingt. Dann begann ich mich allerdings selbst zu fragen, warum ich ständig meckerte – schließlich war ich bis zu jenem Zeitpunkt jeden Tag satt geworden und durfte weiterhin viel essen. Es machte Klick in meinem Kopf, mein Ehrgeiz war geweckt, ich nahm die entgegengestreckte Hand samt Ankerseil und zog daran, so kräftig ich konnte. Mit jedem Kilo Gewichtsverlust kam fast automatisch wieder mehr Bewegung in mein Leben, denn nicht nur meine Knie und Gelenke dankten mir das stetige Abwerfen von Ballast.

I'M TOO SEXY FOR MY SHIRT

Heute habe ich immer noch 100 kg Lebendgewicht, aber das sind echte Wohlfühlkilos, mir geht es super so! Klar könnte ich weitere 15 Kilo abnehmen, nur würde es für mich wirklich schwierig werden, dieses Gewicht dann auch zu halten, denn ich bin von Natur aus eben auch eher ein muskulöser, bulliger Typ. Die 30 Kilo, die ich innerhalb von viereinhalb Monaten abgenommen habe, reichen mir aus, und es fällt mir überhaupt nicht schwer, mein aktuelles Gewicht zu halten. Etwas trainierter könnte ich noch sein, aber Rom wurde ja bekanntlich auch nicht an einem Tag erbaut. Dabei finde ich einen kleinen Bauch absolut okay, ich bin aus dem Alter raus, wo ich händeringend ein Sixpack brauche. Und wenn ich überlege, was ich in meinem Alter tun müsste, um mir den zurückzuholen, dann stehen für mich hier Aufwand und Wirkung in keiner guten Relation. Übrigens glaube ich auch nicht an den Jo-Jo-Effekt, aber das habe ich ja schon erwähnt. Es ist einfach so, dass viele Menschen nach einer Diät wieder in ihre alten Verhaltensmuster zurückfallen. Tut ihr das nicht, wird es für euch auch keinen Raufrunter-Effekt geben!

Wie jeder Raucher sein Laster nie wirklich ganz loswerden wird und jeder Junkie rückfällig werden kann, so werde ich immer ein Thema mit dem Essen haben. Und das ist so, weil Essen eine der tollsten Tätigkeiten ist, die es gibt.

BACK TO THE ROOTS

Es ist traurige Wahrheit: Aktuell ist jeder zweite Deutsche übergewichtig, in anderen Ländern, wie zum Beispiel den USA, sieht die Ernährungsbilanz noch katastrophaler aus. Wenn ich mir anschaue, woher das kommt und wo heutzutage der Hase ernährungstechnisch langläuft – nicht nur bei mir, sondern allgemein –, erkenne ich in jedem Fall folgenden Fehler: Wir neigen dazu, ehemalige Genussmittel zu gewöhnlichen Nahrungsmitteln zu machen, und essen sie deshalb viel zu häufig. So wie bei mir irgendwann der zur Tradition gewordene allabendliche Lakritz- und Schokopudding-„Genuss" nichts Besonderes mehr war. Viel zu oft stopfen wir nebenbei alles Mögliche einfach in uns rein. Dass Genussmittel heute beliebig und immer verfügbar geworden sind, ist meines Erachtens falsch und muss sich wieder ändern!

Wir müssen zurück zum gesunden, frisch zubereiteten und abwechslungsreichen Essen. Denn für unseren Körper ist es wie bei der Monokultur in der Landwirtschaft: Zu viel Einseitigkeit kann auf Dauer nur schaden. Und Ziel einer geglückten Ernährungsumstellung ist ja auch nicht der grundsätzliche Verzicht auf dieses oder jenes, sondern ein verändertes Bewusstsein gegen-über Lebensmitteln ... Denn wie der Name schon sagt, sind sie „Mittel zum Leben". Und Leben hat ganz viel mit Bewusstsein zu tun.

ABNEHMEN FÄNGT IM KOPF AN

Mit dem Abnehmen ist es genauso, das fängt nämlich im Kopf an. Es ist wichtig, ein Bewusst-sein dafür zu entwickeln, was für mich gut ist und was nicht. Grundsätzlich musste und muss ich auch nach der Umstellung meines Ernährungsprogramms auf nichts verzichten – ich esse ALLES, aber viel bewusster als früher. Zusätzlich schaue ich ganz genau darauf, was ich am Tag mache oder vorhabe. Wenn viel Sport auf dem Programm steht, kann ich viel essen. Stehen ein Bürotag, eine lange Autofahrt oder ein paar entspannte Stunden im Liegestuhl am Pool an, muss ich darauf achten, meine Kalorienzufuhr einzuschränken, weil ich weniger verbrenne. Ist ja irgendwie auch logisch, dass sich Mengen und Zusammensetzungen der Mahlzeiten nach der täglichen Bewegung richten sollten.

Mancher schwört darauf, seine Nahrungsaufnahme auf drei Mahlzeiten pro Tag zu beschrän-ken und zwischendrin sklavisch fünfstündige Essenspausen einzuhalten. Das halte ich für Quatsch, zumindest ist das für mich keine (aus)haltbare Option. Neben den Hauptmahlzeiten morgens, mittags und abends gönne ich mir gerne einen Snack zwischendurch. Das kann ein Schälchen Magerquark mit Früchten und einem kleinen Klecks Erdbeermarmelade genauso sein wie eine Scheibe Pumpernickel oder Dinkelbrot mit magerem Schinken. Überhaupt achte ich darauf, dass ich nur Brot esse, das aus Vollkorn gebacken ist. Es liefert wichtige Energie und macht lange satt. Ich brauche das, und wenn ihr das auch braucht, dann quält euch nicht mit Hungern, sondern snackt, aber auf die gesunde Art.

Häufig werde ich gefragt, wer bei uns in der Küche der Chef ist. Ich bin für die experimentellen Geschichten zuständig, während meine Frau für mich die absolute Königin der Hausmannskost ist. Und soll ich euch was sagen?! Ich LIEBE nicht nur Nicole, sondern auch Hausmannskost. Nicole hat das noch von der Pike auf bei ihrer Oma gelernt. Hier ist meine Frau mein absolutes Vorbild und wird es ewig bleiben.

QUALITÄT IST WICHTIGER ALS QUANTITÄT

Natürlich ist nicht nur wichtig, WIE VIEL ihr am Tag esst, sondern auch, WAS ihr verdrückt. Wir müssen wieder lernen, Nahrungsmittel zu lieben und Respekt vor den Produkten zu haben. Mir hat das schon vor einigen Jahren während meiner Zeit als Gastronom Toni Madeddu, gestandener Pizzabäcker und Freund der Familie, beigebracht, als er mich in die Geheimnisse der italienischen Küche einführte und mir zeigte, wie man die beste Pizza der Welt macht. Überhaupt können wir uns von der italienischen beziehungsweise mediterranen Küche jede Menge abgucken, denn hier liegt der Fokus wirklich auf frischen Produkten. Und jeder, der schon einmal in Italien war, weiß, wie geil ein frisch zubereitetes Essen in einer echten Trattoria schmecken kann.

Womit wir fast zwangsläufig zum Thema Convenience-Produkte kommen. Sofort raus mit denen aus Einkaufswagen und Küche, da sind meist viel zu viele versteckte Fette und Zucker drin! Wusstet ihr zum Beispiel, dass sich in einem Glas Rotkohl 14 Stücke Zucker tummeln? Nein? Dann wisst ihr es jetzt. Krass, oder? Kauft und kocht lieber frisch, geht zum Gemüsehändler oder auf den Wochenmarkt in eurem Ort und besorgt euch dort Obst und Gemüse. Mein Fleisch kaufe ich immer beim Metzger, ansonsten bin ein großer Fan vom Edeka-Markt bei uns hier in Moers. Die arbeiten auch als Filialisten einer großen Kette ganz oft noch im Familienbetrieb und kaufen viele Lebensmittel regional ein. Und da regionale Produkte echt im Trend liegen, steht es häufig auch groß drauf – achtet beim nächsten Einkauf einfach mal darauf.

FRISCH KOCHEN IST GEIL

Was mich echt nervt, ist, dass kaum noch jemand weiß, wie eine gute, ehrliche Sauce geht. Viele scheinen heute leider verlernt zu haben, was sie mit unverarbeiteten Grundprodukten anfangen sollen. Wahnsinn, oder? Gebt mir eine Möhre, eine Paprika und eine Zucchini – daraus mache ich euch in kürzester Zeit vier unterschiedliche Gerichte, die bombe schmecken, ohne dass ich dafür Zucker und viel Fett als Geschmacksträger brauche. Die Ausrede, dass frisches Zubereiten viel zu lange dauert, zählt nicht! Natürlich haben Nicole und ich auch nicht immer Lust, uns abends noch in die Küche zu stellen. Aber es muss ja schließlich gemacht werden – und es kann ja auch etwas Schnelles sein. Ich selbst bin eh ein Fan von Quickies in der Küche. Und in den sauren Apfel, vorher etwas schnippeln und schneiden zu müssen, beiße ich doch viel lieber als in diesen ganzen industriell verarbeiteten Quatsch. Das echte, nicht von Zucker überlagerte Aroma der Zutaten zu schmecken, das finde ich wirklich geil!

Nahrungsmittel, die man regelmäßig essen sollte, wenn man auf seine Ernährung achtet, sind ganz viel Gemüse, proteinreiche Produkte wie mageres Fleisch, Fisch und Eier sowie langsame Carbs, also langkettige Kohlenhydrate samt Ballaststoffen aus Vollkornprodukten, die lange satt machen und den Insulinspiegel nicht so rasch in die Höhe schießen lassen. So mache ich inzwischen auch bei Nudeln Unterschiede. Ich mag zum Beispiel Eiweißnudeln oder selbst gemachte Nudeln aus Dinkelmehl. Kartoffeln gibt es bei uns nur noch in Maßen und auch nur dann, wenn sie keine fettgebadeten Stäbchen sind.

EIN PAAR ERNÄHRUNGSREGELN

Bei mir wird seit meiner Ernährungsumstellung eh nicht mehr frittiert, sondern viel lieber in wenig gesundem Olivenöl kurz gebraten. Das senkt nicht nur den Fettgehalt des Gerichts, sondern das kaltgepresste Öl selbst ist durch die enthaltenen mehrfach ungesättigten Fettsäuren auch viel gesünder als raffinierte Öle oder tierische Fette. Wichtig ist dabei, dass ihr es nicht zu stark erhitzt. Jedes Öl hat seinen Rauchpunkt – bei kaltgepresstem liegt er niedriger als bei raffiniertem –, und wenn der überschritten wird, entwickelt das Fett schädliche Stoffe.

Das Kurzbraten oder Grillen mit wenig gutem Öl ist nicht nur gut für die Kalorienbilanz, es erhält auch noch Vitamine und sonstige Nährstoffe der gebratenen Lebensmittel bestmöglich. Das gilt natürlich insbesondere für Gemüse. Wenn ich Fleisch esse – und das tue ich gerne –, dann greife ich auch hier bevorzugt zu Stücken zum Kurzbraten und nehme inzwischen statt Nackenkotelett lieber ein mageres Stück Hähnchen- oder Putenbrust. Und Fisch wie Lachs, Makrele oder Thunfisch hat viele gesunde Omega-3-Fettsäuren, die der Körper unbedingt braucht, aber nicht selbst herstellen kann. Zudem liefern Fleisch und Fisch elementare Proteine, die ein wichtiger Bestandteil meiner Ernährungsumstellung waren und sind.

Proteine, also Eiweiße, generell haben mir beim Abnehmen sehr geholfen und unterstützen mich auch jetzt beim Halten des Gewichts. Neben Fisch und Geflügel sind sie in Eiern, Milchprodukten, Haferflocken, Mandeln oder Kürbiskernen, Hülsenfrüchten (wie zum Beispiel Linsen oder Kichererbsen), aber auch in Brokkoli oder Spinat reichlich enthalten. Milch und Sahne meide ich persönlich, weil ich sie manchmal nicht gut vertrage. Davon abgesehen, sind mir viele Milchprodukte auch viel zu stark verarbeitet. Da trifft es sich gut, dass ich schon morgens ein absoluter Eierfan bin. Eiweiß hält euren Insulinspiegel von Anfang an schön niedrig und verhindert die erste Heißhunger-Attacke direkt nach dem Frühstück. Außer am Wochenende muss es bei mir morgens schnell gehen: Ein Müsli oder ein Shake ist hier eine gute Proteinquelle; sie sind eine gute Wahl für den Start in den Tag und versorgen euch dank langsamer Carbs, Ballaststoffen und Vitaminen mit einer gehörigen Portion Power, die lange vorhält.

Womit wir auch schon bei der Zubereitung des Desserts angekommen wären. Denn auch den süßen Abschluss müsst ihr euch nicht zwangsläufig sparen, wenn ihr abnehmen oder euer Gewicht halten wollt. Leichte Desserts, die zum Süßen mit dem Fruchtzucker des enthaltenen Obsts auskommen und zum Beispiel durch die Verwendung von Milchprodukten wie Magerquark fettarm sind, heiße ich in meiner Küche auch heute noch herzlich willkommen!

GESUND ESSEN UNTERWEGS

Wenn ich zu Dreharbeiten unterwegs bin, sind die Jungs und Mädels vom Catering häufig echt süß und stellen sich essenstechnisch auf mich ein. Aber ihr werdet ganz sicher in Kantine oder Restaurant auch dann etwas Leckeres und Gesundes finden, wenn sich niemand extra um euch kümmert – alles andere ist in Wahrheit eine Ausrede! Hier ein paar Tipps:

• Wählt eiweißreiche Eier-, Fisch- oder Geflügelgerichte.

• Vermeidet fettige Sättigungsbeilagen wie Pommes frites.

• Achtet darauf, dass die Portion Salat oder Gemüse auf dem Teller größer ist als die von Pasta, Reis oder Kartoffeln.

• Entscheidet euch als Beilage insgesamt lieber für Gemüse oder Salat.

• Mixt euch an der Salatbar euer Dressing selbst aus Essig und Öl, in fertigen Dressings versteckt sich häufig viel Zucker.

• Wenn Fast Food wie Pizza, Currywurst und Co. von links kommt, guckt einfach nach rechts.

SPORT IST KEIN MORD

Neben meinen beiden Hunden Kai-Uwe, dem Nachfolger von Schröder, und Diva, die ich von meinem Vater geerbt habe, gibt es in meinem direkten Umfeld noch einen dritten Vierbeiner. Den allerdings kann nur ich sehen, und er lässt sich auch nur von Zeit zu Zeit blicken. Ahnt ihr, wen ich meine? Ich meine den inneren Schweinehund – ein alter Bekannter, stimmt's?! Wenn ich ehrlich bin, dann macht mir der Kollege ab und zu ganz schön zu schaffen. Denn wann immer ich eigentlich Sport treiben sollte, würde ich viel lieber mit Nicole am Pool in unserem Garten chillen oder auf dem Sofa vor dem Fernseher liegen.

WIE IHR DEN SCHWEINEHUND NIEDERRINGT

Es ist nicht immer leicht, die Komfortzone zu verlassen und den Schweinehund niederzuringen. Wie man ihn bekämpft, dazu gibt es kein Patentrezept, hier muss jeder seine eigene Strategie entwickeln. Es kann dich ja auch niemand anderes schlank machen – das musst du schon selbst in Angriff nehmen.

Ich persönlich sehe zu, dass Kraft- und Ausdauertraining in Balance bleiben. Das heißt, ich schaue ein- oder zweimal die Woche im Fitnessstudio vorbei und fahre ganz viel Rad. Regelmäßige Bewegung ist ansonsten kein Thema, die bekomme ich durch meine täglichen zwei Runden mit Kai-Uwe ja eh. Da ich zwischen den Drehs immer wieder freie Tage habe, fällt es mir nicht besonders schwer, ein Sportprogramm in mein Leben einzubauen. Das alles kann im (Büro-)Alltag schon schwieriger sein. Aber auch der Arbeitsalltag sollte keine Ausrede liefern, alle Vorsätze rasch wieder über Bord zu werfen. Ein paar einfache Tricks kann jeder beherzigen.

„Sag deinem Umfeld bloß nicht, dass du abnimmst, sonst gehen dir alle auf den Sack. Du brauchst EINEN Kumpan, der dir manchmal in den Arsch tritt, ansonsten zieh es einfach durch. Und falls Fragen oder blöde Sprüche kommen: Du musst dich nicht für alles, was du tust, rechtfertigen."

Ich setze mir kleine Meilensteine

Steckt euch für den Anfang die Ziele nicht zu hoch – weder was den Abnehmerfolg angeht, noch was die Integration von Sport in euren Alltag betrifft. Je höher die Latte liegt, umso größer ist die Gefahr, an den eigenen Erwartungen zu scheitern.

Ich integriere Bewegung in meinen Alltag

Es muss ja auch nicht direkt der Marathon sein, den ihr in kürzester Zeit lauft. Für den Anfang reicht es schon, seine Alltagsgewohnheiten ein wenig zu ändern. Denn viele Wege, die wir aus Bequemlichkeit mit dem Auto erledigen, lassen sich genauso gut zu Fuß oder mit dem Fahrrad schaffen. Und anstatt den Aufzug zu nehmen, solltet ihr lieber Treppen steigen. Das mache ich auch – wenn es sein muss, sogar bis in die zehnte Etage.

Ich mache terminlich Nägel mit Köpfen

Und wenn es dann (wieder) etwas besser läuft mit der Bewegung, ersetzt ihr den generellen Plan, endlich wieder regelmäßig Sport zu treiben, durch ganz konkrete Termine: Ihr könnt euch beispielsweise jede Woche an einem bestimmten Tag zu einer festen Zeit mit Gleichgesinnten zum Walken, Laufen oder zum Fitnesstraining im Studio verabreden. Wenn andere ins Spiel kommen, wird der Schweinehund nämlich ganz schnell schüchtern und traut sich nicht mehr, euch zu tyrannisieren.

FRÜHSTÜCK

Wer im Alltag leistungsfähig sein möchte, braucht ein gesundes Frühstück – egal, ob der Tag am Schreibtisch, bei körperlicher Arbeit im Garten oder faul am Pool stattfindet. Darauf solltet ihr auch nicht verzichten, wenn ihr euer Gewicht reduzieren oder halten wollt. Als Brot- und Brötchen-Lover lasst bloß das Weißbrot liegen und nehmt stattdessen Vollkornprodukte. Denn Vollkorngetreide lädt euren Energie-Akku ganz schnell wieder auf.

LOW-CARB-PORRIDGE

Mit Haferflocken gebt ihr eurem Körper schon morgens eine brutal gute Basis.
Er kann bis zur nächsten Mahlzeit den ganzen Vormittag über davon zehren.
Das Beste: Heißhungerattacken haben so keine Chance!

FÜR 2 PERSONEN

20 g blütenzarte Haferflocken

40 g Mandelmehl

20 g geschroteter Leinsamen

1 Pck. Bourbon-Vanillezucker

Zimtpulver

Salz

¼ l Milch

200 g Skyr

2 EL Müsli (z. B. Nussmüsli)

2 EL Hanfsamen

2 TL Chiasamen

Pro Person: ca. 475 kcal,
28 g EW, 26 g F, 27 g KH

1. In einem Topf Haferflocken, Mandelmehl, Leinsamen, Vanillezucker sowie je 1 Prise Zimt und Salz mit Milch und ¼ l Wasser zum Kochen bringen. Die Temperatur reduzieren und den Porridge etwa 3 Minuten bei schwacher bis mittlerer Hitze kochen, dabei immer wieder umrühren.

2. Den Topf vom Herd nehmen, die Hälfte des Skyr unter den Porridge rühren. Den Porridge auf zwei tiefe Teller oder Schalen verteilen. Restlichen Skyr mit wenig Wasser glatt rühren und mittig daraufsetzen. Müsli, Hanfsamen und Chiasamen darüberstreuen. Mit beliebigem Obst garnieren (siehe Tipp rechts).

Zubereitung: 10 Min.

Magenschmeichler

Einfach

FRUCHTIGES TOPPING

Den Porridge garniere ich auch gerne mal mit Beeren, Trauben, Zwetschgen oder Apfelstücken. Allerdings sollten es nicht mehr als 125 g Obst sein. Sonst ist der Fruchtzuckergehalt zu hoch!

POWER BOWL MIT MANGO

Diese Bowl ist der beste Beweis dafür, dass Frühstücksbrei und kernige Männer eine geile Einheit bilden können! Und weil sie am Abend vorher vorbereitet wird, ist sie morgens so ratzfatz gemacht, so schnell könnt ihr gar nicht gucken.

FÜR 2 PERSONEN

250 g Naturjoghurt (0,1 % Fett)

200 ml Kokosmilch

80 g Bio-Frühstücksbrei
(aus dem Drogeriemarkt)

1 Banane

2 TL Zitronensaft

150 g Mangofruchtfleisch (am Stück)

20 g Bitterschokolade (80–90 %
Kakaoanteil)

2 EL Mandeln (mit Haut)

2 EL Kokoschips

2 EL gepoppte Quinoa

Pro Person: ca. 685 kcal,
19 g EW, 40 g F, 55 g KH

1. Am Vorabend Joghurt, Kokosmilch und Frühstücksbrei verrühren. Über Nacht zugedeckt kühl stellen.

2. Am nächsten Morgen die Banane schälen und in Scheiben schneiden. Die Hälfte der Banane und den Zitronensaft mit dem Stabmixer unter den Brei mixen. Den Brei nach Belieben mit etwas Honig abschmecken und auf zwei Schüsseln verteilen.

3. Das Mangofruchtfleisch in dünne Scheiben schneiden. Die Schokolade grob hacken. Mangoscheiben fächerförmig auf den Brei legen. Bananenscheiben, Schokostückchen, Mandeln, Kokoschips und Quinoapops in kleinen Häufchen drum herum anrichten.

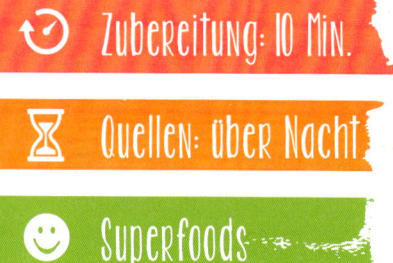

Zubereitung: 10 Min.

Quellen: über Nacht

Superfoods

DIE BEEREN SIND LOS!

Banane, Mango und Schokolade sind ein echt cooles Geschmackstrio. Aber frische Beeren, wie Erdbeeren, Himbeeren oder Heidelbeeren, passen hier genauso gut.

BIRCHERMÜSLI MIT BEEREN

Birchermüsli ist ein absoluter Frühstücksklassiker, den ich persönlich supergerne mag! Wenn ich mir davon morgens eins reinlöffle, fühle ich mich für viele Stunden pappsatt.

FÜR 2 PERSONEN

60 g Müsli (z. B. 5-Korn- oder Nussmüsli)

250 g Magerquark

100 ml Orangensaft

1 kleiner Apfel (z. B. Elstar)

2 TL Chiasamen

1–2 TL Zitronensaft

125 g gemischte Beeren (z. B. Heidelbeeren, Himbeeren, Erdbeeren)

2 EL Mandelblättchen

1 TL Chiasamen

Pro Person: ca. 360 kcal, 21 g EW, 11 g F, 39 g KH

1. Am Vorabend Müsli, Quark, Orangensaft und 100 ml Wasser in einer Schüssel verrühren und zugedeckt kühl stellen.

2. Am Morgen den Apfel waschen, halbieren und das Kerngehäuse entfernen. Die Apfelhälften in kleine Würfel schneiden und mit den Chiasamen unter das Müsli rühren. Nach Belieben mit Honig leicht süßen und mit Zitronensaft abschmecken. Das Birchermüsli auf zwei Schraub- oder Bügelgläser (à ca. 400 ml) verteilen.

3. Die Beeren waschen und abtropfen lassen. Erdbeeren entkelchen und je nach Größe halbieren oder vierteln. Die Mandeln in einer beschichteten Pfanne ohne Fett hellbraun rösten und sofort herausnehmen. Mandeln, Beeren und Chiasamen auf dem Müsli anrichten. Das Müsli sofort servieren oder die Gläser verschlossen mitnehmen und unterwegs frühstücken.

TIPP: Anstelle von Orangensaft könnt ihr das Müsli auch mit Mandeldrink oder Kokosmilch anrühren. Wem das nicht süß genug ist, der hilft dem Geschmack mit 1–2 TL Ahornsirup oder Kokosblütenzucker auf die Sprünge. Toll schmeckt das Müsli auch, wenn ihr es mit etwas gemahlener Vanille verfeinert.

 Zubereitung: 10 Min.

 Quellen: über Nacht

 To go

FRÜHSTÜCKS-SHAKE "DER HULK"

Dieser Shake ist ein Gipfeltreffen von Vitaminen, Ballaststoffen und Proteinen! Haferflocken und Mandeln machen sogar schlank, denn ihre vielen ungesättigten Fettsäuren und ihr hoher Magnesiumgehalt fördern die Fettverbrennung.

FÜR 2 PERSONEN

1 Banane
2 Kiwis
5 Stiele Basilikum
250 g Magerquark
100 ml grüner Smoothie (Fertigprodukt; aus dem Kühlregal)
50 g blütenzarte Haferflocken
30 g Mandeln (mit Haut)
4 EL Hanfprotein
2 – 3 TL Matchapulver

Pro Person: ca. 445 kcal,
37 g EW, 77 g F, 45 g KH

1. Die Banane und die Kiwis schälen und klein schneiden. Das Basilikum waschen, trocken tupfen und die Blätter abzupfen.

2. Banane, Kiwi und Basilikum mit 150 ml Wasser und den übrigen Zutaten im Mixer fein pürieren. Auf zwei Gläser verteilen und sofort genießen.

TIPP: Ihr müsst dieses Rezept nur leicht abwandeln – schon könnt ihr es am Morgen ganz bunt treiben: Für einen **roten Frühstücksshake** 1 Banane, 100 g Himbeeren und 100 ml roten Smoothie (Fertigprodukt) wie oben beschrieben zubereiten, aber das Matchapulver weglassen. Für einen **gelben Shake** 1 Banane, 100 g Mango und 100 ml gelben Smoothie (Fertigprodukt) ebenfalls wie oben beschrieben ohne Matchapulver zubereiten.

Zubereitung: 5 Min.

Superfoods

Einfach

SHAKE TO GO

Wollt ihr den Shake mitnehmen? Dann ersetzt die Kiwis durch 50 g grüne kernlose Weintrauben und 2 EL Apfelmus. Kiwis enthalten ein Enzym, das Milchprodukte bei längerem Stehen bitter macht.

AVOCADO MIT EI AUS DEM OFEN

Avocado, Garnelen und Ei – was für eine geile Kombi! Alle, die gerne herzhaft frühstücken, haben damit ein kleines Mittagessen am Morgen. Leistet euch diese Nummer am besten direkt als Verwöhnfrühstück am nächsten Wochenende!

FÜR 2 PERSONEN

1 Avocado
2 Eier (Größe L)
100 g TK-Garnelen
(geschält und gegart)
Pul Biber (siehe Tipp)
5 Schnittlauchhalme
Salz | Pfeffer aus der Mühle

Pro Person: ca. 250 kcal,
15 g EW, 19 g F, 5 g KH

1. Den Backofen auf 180 °C vorheizen. Die Avocado halbieren und entkernen, mit einem Esslöffel die Vertiefung etwas vergrößern. Die Avocadohälften mit der Öffnung nach oben in eine Auflaufform setzen (vorher die Unterseiten eventuell etwas flach drücken, damit die Hälften sicher stehen).

2. Die Eier nacheinander vorsichtig aufschlagen und jeweils in die Vertiefungen gleiten lassen. Die Garnelen rund um das Eigelb anrichten. Mit 1 Prise Pul Biber bestreuen. Die gefüllten Avocados auf der mittleren Schiene im heißen Backofen etwa 15 Minuten garen, bis das Eiweiß gestockt und das Eigelb wachsweich ist.

3. Den Schnittlauch waschen, trocken tupfen und in feine Röllchen schneiden. Die Auflaufform aus dem Ofen nehmen und die Avocadohälften auf zwei Teller setzen. Mit Salz und Pfeffer kräftig würzen und den Schnittlauch darüberstreuen. Die Avocado auslöffeln, dazu passt Vollkornbrot.

TIPP: Pul Biber ist eine türkische Gewürzmischung, die in der Hauptsache aus getrockneter und zerstoßener Paprika unterschiedlicher Schärfe besteht. Teilweise enthält sie auch Salz und Pflanzenöl. Ihr könnt sie aber auch einfach durch 1 Prise Cayennepfeffer ersetzen.

Zubereitung: 25 Min.

Garzeit: 15 Min.

Low Carb

RÜHREI ALL'ITALIANA

Für mich gibt es am Morgen keine bessere Proteinquelle als Eier. Und falls ihr euer Rührei noch nie mit Parmesan, Basilikum und Kräuterbutter gegessen habt, solltet ihr das unbedingt ganz bald nachholen. Sonst habt ihr was verpasst!

FÜR 2 PERSONEN

2 Frühlingszwiebeln
2 Stiele Basilikum
30 g Parmesan (am Stück)
2 Eier (Größe L)
3 Eiweiß (Größe L)
1 TL Öl
Salz | Pfeffer aus der Mühle
1 EL Kräuterbutter

Pro Person: ca. 225 kcal,
19 g EW, 16 g F, 2 g KH

1. Die Frühlingszwiebeln putzen, waschen und in Ringe schneiden. Das Basilikum waschen, trocken tupfen und die Blätter abzupfen. Den Parmesan fein reiben. Die Eier in einer Schüssel mit den Eiweißen und dem Basilikum verquirlen.

2. Das Öl in einer großen Pfanne erhitzen und die Frühlingszwiebeln darin 2–3 Minuten andünsten. Mit Salz und Pfeffer würzen. Die Butter in der Pfanne erhitzen. Die Eier dazugeben, den Käse darüberstreuen und die Unterseite leicht stocken lassen. Das Rührei zwei- bis dreimal durch die Pfanne schieben, bis es gerade gestockt ist. Mit Salz und Pfeffer würzen.

TIPP: An Sonntagen oder zu besonderen Anlässen bereite ich das Rührei auch gerne mal mit Trüffelbutter zu.

Zubereitung: 10 Min.

Low Carb

Einfach

OMELETT MIT SCHINKEN

Die Meinung, dass der Genuss von Eiern negative Auswirkungen auf die Gesundheit hat, ist zum Glück überholt. Ich selbst esse wirklich viele Eier und – man höre und staune – meine Cholesterinwerte sind tipptopp!

FÜR 2 PERSONEN

2 Eier (Größe L)
2 Eiweiß (Größe L)
50 g Skyr
Salz
200 g Champignons
60 g Kochschinken
(in dünnen Scheiben)
10 Schnittlauchhalme
40 g Ziegenkäserolle
1 EL Öl
1 TL getrockneter Thymian
Pfeffer aus der Mühle

Pro Person: ca. 270 kcal,
29 g EW, 15 g F, 3 g KH

1. Eier, Eiweiße und Skyr mit wenig Salz glatt rühren. Die Champignons putzen, trocken abreiben und in Scheiben schneiden. Den Schinken in Streifen schneiden. Schnittlauch waschen, trocken tupfen und in feine Röllchen schneiden. Den Ziegenkäse in Scheiben schneiden.

2. In einer beschichteten Pfanne ½ EL Öl erhitzen und die Pilze darin rundherum 4 – 5 Minuten anbraten. Schinkenstreifen und Thymian hinzufügen und 2 Minuten mitbraten. Die Mischung mit wenig Salz und Pfeffer würzen und aus der Pfanne nehmen. Die Pfanne säubern.

3. Das restliche Öl in der Pfanne erhitzen, die Eiermasse hineingießen und gleichmäßig verteilen. Die Ziegenkäsescheiben auf eine Hälfte legen, die Pilz-Schinken-Mischung daraufgeben. Alles zugedeckt bei mittlerer Hitze 4 – 5 Minuten backen, bis die Eiermasse gestockt und die Unterseite leicht gebräunt ist.

4. Das Omelett zusammenklappen und halbieren. Mit dem Schnittlauch bestreuen und servieren. Dazu passt Dinkelbrot.

Zubereitung: 15 Min.

Low Carb

Einfach

MIT TOMATENPOWER

Noch herzhafter wird das Rührei, wenn ihr 2 fein gewürfelte, in Öl eingelegte getrocknete Tomaten mit den Pilzen und dem Schinken anbratet.

KÄSEBROT DEFFI SPEZIAL

Wer in diese Stulle beißt, hat richtig was im Mund. Dabei könnte der fette Dinkelbrot-Kollege gesünder nicht sein! Und zugegeben: Den Joghurt über Nacht abtropfen zu lassen, klingt zunächst lästig, aber probiert es unbedingt aus. Es schmeckt wirklich super!

FÜR 2 PERSONEN

1 TL bunte Pfefferkörner

500 g Naturjoghurt

2 EL Zitronensaft

Salz

½ orangefarbene Paprikaschote

4 Radieschen

2 EL Kürbiskerne

1 Handvoll Salatmix (küchenfertig)

1 EL Aceto balsamico

2 TL Öl

Pfeffer aus der Mühle

4 Scheiben Dinkelvollkornbrot

4 TL körniger Senf

4 Scheiben Bergkäse (ca. 80 g)

Pro Person: ca. 675 kcal,
34 g EW, 36 g F, 49 g KH

1. Am Morgen davor die Pfefferkörner im Mörser grob zerstoßen. Joghurt mit Pfeffer, Zitronensaft und 1 TL Salz verrühren. Ein Sieb über einen Topf hängen und mit einem Küchentuch auslegen. Den Joghurt einfüllen, die Ränder des Tuchs darüberklappen. Einen Deckel darauflegen und den Joghurt über Nacht kühl stellen.

2. Am nächsten Morgen die abgetropfte Joghurtcreme in ein Schälchen füllen und glatt rühren. Paprikaschote entkernen, waschen und in schmale Streifen schneiden. Radieschen putzen, waschen und in Scheiben schneiden. Kürbiskerne in einer beschichteten Pfanne ohne Fett anrösten, bis sie sich aufblähen und anfangen zu knacken. Sofort herausnehmen. Salat waschen und trocken schleudern. Mit Essig und Öl mischen und mit Salz und Pfeffer würzen.

3. Die Brote auf zwei Teller legen und großzügig mit dem Joghurtfrischkäse bestreichen (den Rest zugedeckt kühl stellen und später verwenden, z. B. für die Lachsstulle, Seite 36). Mit Senf bestreichen und mit dem Käse belegen. Salat, Paprika, Radieschen und Kürbiskerne auf und neben die Brote häufen. Mit Messer und Gabel servieren.

TIPP: Wer keine Zeit hat, den Joghurt in der Nacht zuvor abtropfen zu lassen, ersetzt ihn durch eine Portion Magerquark.

 Zubereitung: 15 Min.

 Abtropfen: 24 Std.

 Ballaststoffe satt

LACHSSTULLE MIT WASABI

Die Lachsstulle hat mit allem was zu tun, aber nicht mit langweiligem Brot! Und wenn ihr morgens schon mit Wasabi etwas Schärfe in euer Leben bringt, ist das für euren Stoffwechsel richtig gut.

FÜR 2 PERSONEN

70 g Frischkäse (mit Joghurt)

1–2 TL Wasabipaste

1 EL Zitronensaft

Salz

50 g Salatgurke

50 g Rettich

1 kleine Möhre

½ TL Honig

½ TL geröstetes Sesamöl

1 TL gerösteter Sesam

4 Romanasalatherz-Blätter

4 große Scheiben Vollkornbrot

150 g Räucherlachs (in Scheiben)

Pro Person: ca. 440 kcal, 27 g EW, 14 g F, 45 g KH

1. Den Frischkäse mit 1 TL Wasabipaste und ½ EL Zitronensaft verrühren und mit Salz würzen. Wer es sehr scharf mag, rührt noch einen zweiten TL Wasabi unter. Die Gurke waschen, den Rettich schälen und beides in Scheiben schneiden. Die Möhre schälen und mit dem Sparschäler in feine Streifen schneiden. Mit dem restlichen Zitronensaft, Honig, Sesamöl und Sesam mischen und mit Salz würzen. Die Salatblätter waschen und trocken schleudern.

2. Den Frischkäse auf die Brotscheiben streichen. Auf 2 Scheiben zuerst die Salatblätter, dann die Gurken- und Rettichscheiben legen. Die Lachsscheiben zusammenrollen und ebenfalls daraufgeben, zuletzt die marinierten Möhrenstreifen drauflegen. Die übrigen Brotscheiben mit den bestrichenen Seiten nach unten drauflegen und leicht andrücken.

3. Die Brote sofort genießen oder zum Mitnehmen in passende Frischhalteboxen packen und unterwegs genießen. Dann vor und nach dem Transport kühl stellen.

Zubereitung: 10 Min.

Gesunde Fette

Einfach

PUTENBRUSTSTULLE MIT AVOCADO

Ich mag schon morgens richtig deftige Sachen – so wie diese Stulle. Obwohl die Avocado kalorienreich ist, hilft sie beim Abnehmen. Ihre einfach ungesättigten Fettsäuren werden nur langsam verbrannt und geben dem Körper mehr Energie, als er in Körperfett umwandelt.

FÜR 2 PERSONEN

250 g Magerquark

4 EL TK-Gartenkräuter

2 TL Meerrettich (aus dem Glas)

2 TL Kräuteressig

Salz | Pfeffer aus der Mühle

1 Avocado

4 TL Zitronensaft

4 Radieschen

4 Scheiben Dinkelvollkornbrot

140 – 150 g Putenbrustaufschnitt

½ Kästchen Rote Kresse

(ersatzweise Gartenkresse)

Pro Person: ca. 510 kcal,
37 g EW, 18 g F, 45 g KH

1. Für den Aufstrich Quark, Kräuter, Meerrettich und Essig verrühren. Mit Salz und Pfeffer würzen. Die Avocado halbieren und entkernen. Die Hälften schälen, erst längs halbieren, dann längs in dünne Scheiben schneiden. Die Avocadoviertel auffächern, mit Zitronensaft beträufeln und mit Salz und Pfeffer würzen. Die Radieschen waschen, zuerst in Scheiben, dann in feine Stifte schneiden.

2. Je 2 Scheiben Brot auf zwei Teller legen, den Kräuterquark üppig daraufstreichen. Die Putenbrustscheiben jeweils zusammenklappen und leicht überlappend auf die Brote legen. Die Avocadofächer daraufgeben. Mittig die Radieschenstifte daraufhäufen. Die Kresse vom Beet schneiden und darüberstreuen.

TIPP: Für eine fleischlose Variante ersetzt die Putenbrust zum Beispiel durch eine Scheibe würzigen Tilsiter. Der Käse hat natürlich wesentlich mehr Fett, schmeckt aber zur Avocado bombig. Für eine vegane No-Fat-Variante nehmt ihr Sojaquark und ersetzt Wurst oder Käse einfach durch ein paar knackige Blätter Romanasalat.

Zubereitung: 10 Min.

To go

Einfach

SANDWICH MIT THUNFISCH

Was Vielfalt und Geschmack betrifft, geht dieses Sandwich locker auch als Mittagessen durch. Für den optimalen Slimfaktor ist es wichtig, dass der Thunfisch in der Dose nicht in Öl, sondern im eigenen Saft badet.

FÜR 2 PERSONEN

1 Dose Thunfisch (im eigenen Saft; 130 g Abtropfgewicht)
1 kleine Dose Kidneybohnen (125 g Abtropfgewicht)
4 getrocknete Tomaten (in Öl)
4 Cornichons
½ EL Zitronensaft
1 EL leichte Salatcreme
½ TL Paprikapulver (edelsüß)
Salz | Pfeffer aus der Mühle
Honig | 4 Mini-Romanasalatblätter
½ Apfel (z. B. Elstar)
10 Schnittlauchhalme
2 längliche Vollkornbrötchen
50 g Frischkäse (mit Joghurt)

Pro Person: ca. 480 kcal,
29 g EW, 20 g F, 42 g KH

1. Den Thunfisch gut abtropfen lassen. Die Bohnen in ein Sieb abgießen, kalt abbrausen und abtropfen lassen. Die Tomaten auf Küchenpapier entfetten und in feine Würfel schneiden. Die Cornichons in Scheiben schneiden.

2. Thunfisch, Bohnen, Tomaten und Cornichons mit Zitronensaft, Salatcreme und Paprikapulver mischen. Mit Salz, Pfeffer und etwas Honig abschmecken.

3. Die Salatblätter waschen und trocken schleudern. Den Apfel waschen und in dünne Scheiben schneiden, dabei das Kerngehäuse entfernen. Schnittlauch waschen, trocken tupfen und in feine Röllchen schneiden.

4. Die Brötchen tief einschneiden, auseinanderklappen und beide Seiten jeweils mit Frischkäse bestreichen. Die Unterseiten mit dem Salat und den Apfelscheiben belegen. Die Thunfischmasse darauf verteilen. Schnittlauch darüberstreuen und die Brötchen etwas zusammendrücken. Die Sandwiches sofort genießen oder zum Mitnehmen in passende Boxen packen. Dann vor und nach dem Transport kühl stellen.

TIPP: Ihr möchtet auf Salatcreme als Fertigprodukt verzichten? Dann ersetzt sie durch 1 EL saure Sahne und verrührt sie mit je 1 Msp. Dijon-Senf und Kokosblütenzucker sowie 1 Spritzer Zitronensaft.

Zubereitung: 15 Min.

To go

Einfach

MITTAGESSEN

Bin ich hungrig, kann meine Laune ins Bodenlose sinken: Ich werde
dann „hangry". Vor Kurzem wurde mir erklärt, dass schlechte
Laune bei Hunger mit dem Blutzuckerspiegel, Überlebensinstinkten
und bestimmten Vorgängen zusammenhängt, die im Gehirn stattfinden.
Bei mir werden diese Vorgänge besonders stark in Gang gebracht,
wenn ich kein ordentliches Mittagessen bekomme. Diese Mahlzeit
ist für mich extrem wichtig!

CURRYSUPPE MIT GARNELEN

Ich bin ein großer Fan von Asia-Suppen. Diese hier ist echt genial, weil man sie als gesunden Lunch im Glas ganz easy vorbereiten und dann im Büro – oder wo auch immer – nur mit heißem Wasser übergießen muss und 10 Minuten später genießen kann.

FÜR 2 PERSONEN

250 g TK-Garnelen (aufgetaut)
2 TL Öl
4 TL gelbe Currypaste
4 TL gekörnte Bio-Gemüsebrühe
3 EL Limettensaft
4 TL Rohrohrzucker
1 walnussgroßes Stück Ingwer (15 g)
Salz
300 g Zucchini
2 Frühlingszwiebeln
8 Stiele Koriandergrün
60 g Cashewkerne

Pro Person: ca. 385 kcal,
24 g EW, 19 g F, 27 g KH

1. Die Garnelen in einer beschichteten Pfanne mit Öl und 4 EL Wasser bei schwacher Hitze etwa 4 Minuten knapp gar dünsten und abkühlen lassen.

2. Für die Würzpaste Currypaste, Gemüsebrühe, Limettensaft, Zucker und nach Belieben 1 EL Fischsauce verrühren. Ingwer schälen, klein schneiden und durch die Knoblauchpresse dazupressen. Mit Salz würzen und in ein Bügelglas füllen.

3. Die Zucchini putzen, waschen und mit einem Spiralschneider in lange „Nudeln" schneiden. Frühlingszwiebeln waschen und in feine Ringe schneiden. Den Koriander waschen, trocken tupfen und die Blätter abzupfen.

4. Zucchininudeln, abgekühlte Garnelen, Cashewkerne, Frühlingszwiebelringe und Koriander in das Glas schichten. Das Glas verschließen.

5. Bei Bedarf 700 ml Wasser aufkochen, noch sprudelnd in das Glas gießen, gut umrühren und zugedeckt 10 Minuten ziehen lassen. Die Suppe eventuell noch nachsalzen und genießen.

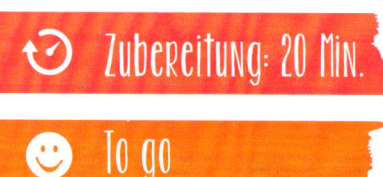

Zubereitung: 20 Min.

To go

Einfach

LINSENSUPPE MIT VEGGIE-WÜRSTCHEN

FÜR 2 PERSONEN

250 g festkochende Kartoffeln

200 g Möhren

1 rote Zwiebel

1 rote Paprikaschote

2 TL Öl

100 g rote Linsen

½ l Bio-Gemüsebrühe

2 EL Tomatenmark

1 TL Currypulver

100 g vegetarische Picknicker-Würstchen

4 Stiele Petersilie

2 EL Salatkerne

2–3 EL Aceto balsamico

Zimtpulver

Salz | Pfeffer aus der Mühle

Pro Person: ca. 475 kcal,
24 g EW, 17 g F, 50 g KH

1. Kartoffeln, Möhren und die Zwiebel schälen, die Paprikaschote längs halbieren, entkernen und waschen. Alles in kleine Würfel schneiden.

2. In einem Topf 1 TL Öl erhitzen, das vorbereitete Gemüse darin etwa 4 Minuten andünsten. Linsen, Brühe und 200 ml Wasser sowie Tomatenmark und Currypulver hinzufügen und alles zum Kochen bringen. Die Temperatur reduzieren und alles zugedeckt bei schwacher bis mittlerer Hitze 15 Minuten köcheln lassen, bis die Linsen weich sind.

3. Die Würstchen in Scheiben schneiden. Die Petersilie waschen, trocken tupfen und die Blätter abzupfen. Restliches Öl in einer Pfanne erhitzen. Würstchenscheiben und Salatkerne darin anbraten, bis sie leicht gebräunt sind. Die Petersilie dazugeben und kurz mitbraten. Mit 1 EL Essig ablöschen und die Pfanne vom Herd nehmen.

4. Die Mischung aus der Pfanne nehmen und 1 Prise Zimt unterrühren, die Suppe mit Salz, Pfeffer und Essig abschmecken. Die Linsensuppe auf zwei tiefe Teller verteilen.

Zubereitung: 30 Min.

Vegan

Einfach

GEFLÜGEL STATT VEGGIE

Hier machen Veggie-Würstchen ihren Frei-
schwimmer. Für eine Variante mit Fleischeinlage
ersetzt ihr die Veggiewurst einfach durch
magere Geflügelwiener.

RHEINISCHE ERBSENSUPPE

Bei diesem Rezept wird jede Gulaschkanone blass vor Neid! Magere Schinkenwürfel und Hähnchen-Kasseler ersetzen fetten Bauchspeck und Mettwurst – deshalb könnt ihr hemmungslos loslöffeln, ohne dass etwas als Andenken auf euren Hüften sitzen bleibt.

FÜR 2 PERSONEN

150 g grüne Schälerbsen
½ Stange Lauch
100 g Möhren
100 g Knollensellerie
1 mehligkochende Kartoffel
1 Stiel Liebstöckel
2 Stiele Petersilie
50 g magere Schinkenwürfel
100 g Hähnchen-Kasseler
(in dicken Scheiben)
1 Lorbeerblatt | 1 Wacholderbeere
1 Zwiebel | 2 TL Öl
Salz | Pfeffer aus der Mühle
½–1 EL Balsamico bianco

Pro Person: ca. 435 kcal,
35 g EW, 11 g F, 45 g KH

1. Zwei Tage vorher die Erbsen einweichen. Am Vortag die Erbsen abgießen, dann in einem Topf mit 1 l Wasser zum Kochen bringen und bei schwacher bis mittlerer Hitze mit schräg aufgelegtem Deckel 45 Minuten köcheln lassen.

2. Inzwischen den Lauch putzen, in Ringe schneiden, waschen und abtropfen lassen. Möhren, Sellerie und Kartoffel schälen und klein schneiden. Die Kräuter waschen und trocken tupfen.

3. Das vorbereitete Gemüse, den Schinken, die Kasselerscheiben, die Kräuter, das Lorbeerblatt und die angedrückte Wacholderbeere zu den Erbsen geben und weitere 45 Minuten köcheln lassen.

4. Die Zwiebel schälen und in feine Würfel schneiden. Das Öl in einer beschichteten Pfanne erhitzen und die Zwiebelwürfel darin bei mittlerer Hitze goldbraun rösten. Die Pfanne vom Herd nehmen.

5. Die Kasselerscheiben aus der Suppe nehmen und in Würfel schneiden. Kräuter, Lorbeerblatt und Wacholderbeere entfernen. Die Suppe leicht stampfen, bis sie schön sämig ist. Dann die Zwiebel- und Kasselerwürfel unterrühren. Die Suppe mit Salz, Pfeffer und etwas Essig abschmecken. Sofort genießen oder über Nacht durchziehen lassen und am nächsten Mittag aufwärmen. Nach Belieben mit gehackter Petersilie bestreut servieren.

Zubereitung: 20 Min.

Garzeit: 90 Min.

Einweichen: 48 Std.

EINE PRISE WOW-EFFEKT

Habt ihr schon mal eine Erbsen- oder Kartoffel-
suppe mit 1 Prise Zimtpulver verfeinert? Falls nicht,
solltet ihr das unbedingt probieren. Klingt vielleicht komisch, schmeckt aber großartig!

ZUM LOSKNABBERN
DREI LIEBLINGSREZEPTE
AUF EINEN STREICH

Für alle, die wie ich nicht ohne Zwischenmahlzeiten
können oder wollen, hier drei gesunde Snackideen,
die dich definitiv bis zur nächsten Hauptmahlzeit tragen.

OBSTSNACK

Zuckerarmes Obst wie Aprikosen, Pflaumen oder Heidelbeeren, kombiniert mit eiweißreichem Käse und Nüssen, sind für mich der perfekte Low-Carb-Snack für zwischendurch. So tankt man Vitamine und bleibt lange satt.

Jeweils 1 Aprikose und **rote Pflaume** waschen, halbieren, entsteinen und in Spalten schneiden. **50 g Heidelbeeren** waschen und trocken tupfen. Alles in ein Twist-off-Glas füllen. **50 g Pecorino** oder **Parmesan** in Stücke schneiden. Mit **je 1 EL Walnusskerne** und **Mandeln (mit Haut)** daraufgeben. Das Glas verschließen und den Inhalt unterwegs mit Holzspießchen, mit einer Gabel oder einfach aus der Hand genießen.

Zubereitungszeit: 10 Min.
Pro Person: ca. 395 kcal,
20 g EW, 28 g F, 13 g KH

GEMÜSESTICKS

Was mich locker über stressige Drehtage bringt? Gemüsesticks, Knäckebrot und dazu einer meiner Lieblingsdips: Da hat die nächste Heißhunger-Attacke keine Chance!

½ Rezept des gewünschten Dips (Seite 128/129) zubereiten. **2 Stangen Staudensellerie** putzen, waschen und in etwa 5 cm lange Sticks schneiden. **1 Möhre** (ca. 100 g) schälen, dann längs vierteln und quer halbieren. **100 g Salatgurke** waschen und in Spalten schneiden. **1–2 Scheiben Eiweiß-Knäckebrot** in grobe Stücke brechen. Alles für den Transport verpacken. Unterwegs das Gemüse und das Knäckebrot in den Dip tauchen und genießen.

Zubereitungszeit: 25 Min.
Pro Person: ca. 315 kcal,
10 g EW, 21 g F, 30 g KH

ANTIPASTI TO GO

Manchmal habe ich Lust auf was richtig Herzhaftes. Dann gönne ich mir am liebsten einen kleinen kulinarischen Ausflug nach Italien. Denn wer bei Antipasti darauf achtet, dass sie nicht vor Fett triefen, hat einen wunderbar sättigenden Low-Carb-Snack mit Genussgarantie!

1 kleine Zucchini (150 g) putzen, waschen, längs in Scheiben schneiden. In einer beschichteten Pfanne in **1 TL Olivenöl** von beiden Seiten jeweils 1–2 Minuten hell anbraten. Auf Küchenpapier abtropfen lassen, mit **1 EL Balsamico bianco** beträufeln und mit **Salz** und **Pfeffer** würzen. **4 Mini-Mozzarellakugeln** in die Zucchinischeiben einrollen und mit Holzspießchen feststecken. **2 Spalten Honigmelone** (2 cm dick) schälen, entkernen und mit **2 Scheiben magerem luftgetrocknetem Schinken** umwickeln. Beides mit **2 EL marinierten Oliven** und **3 eingelegten Artischockenherzen** in eine Lunchbox geben. Unterwegs mit **2 Scheiben Vollkornbaguette** genießen.

Zubereitungszeit: 15 Min.
Pro Person: ca. 380 kcal,
21 g EW, 15 g F, 36 g KH

SALAT MIT SESAMHÄHNCHEN

FÜR 2 PERSONEN

200 g Brokkoli

200 g Möhren

2 Frühlingszwiebeln

4 Radieschen

1 Handvoll Salatmix (küchenfertig)

20 g Ingwer

1 EL Honig

2 ½ EL Balsamico bianco

2 EL Orangensaft

2 TL geröstetes Sesamöl

Salz | Pfeffer aus der Mühle

300 g Hähnchenbrustfilets

2 TL Srirachasauce

2 Eiweiß (Größe L)

4 – 5 EL helle Sesamsamen

2 EL Öl

Pro Person: ca. 555 kcal,
50 g EW, 28 g F, 20 g KH

1. Den Brokkoli in Röschen teilen und waschen. In einem Topf mit Dämpfeinsatz über kochendem Wasser 4 Minuten bissfest dämpfen. Dann in ein Sieb abgießen, kalt abschrecken und abtropfen lassen.

2. Die Möhren putzen, schälen und mit dem Spiralschneider in lange „Nudeln" schneiden. Frühlingszwiebeln putzen, waschen und schräg in Ringe schneiden. Die Radieschen putzen, waschen und in feine Scheiben schneiden. Die Salatblätter waschen und trocken schleudern.

3. Für das Dressing den Ingwer schälen und fein würfeln. Mit Honig, Essig, Orangensaft und Sesamöl fein pürieren und mit Salz und Pfeffer abschmecken. Die vorbereiteten Zutaten mit dem Dressing mischen und beiseitestellen.

4. Die Hähnchenbrustfilets unter fließendem kaltem Wasser waschen und mit Küchenpapier trocken tupfen. In Streifen schneiden, mit Srirachasauce mischen und mit Salz und Pfeffer würzen. Die Eiweiße in einem tiefen Teller verquirlen. Den Sesam in einen zweiten Teller geben.

5. Das Öl in einer beschichteten Pfanne erhitzen. Die Hähnchenstreifen in zwei Portionen nacheinander erst durch das Eiweiß ziehen und dann im Sesam wenden. In der Pfanne bei mittlerer Hitze rundherum goldbraun braten und auf Küchenpapier entfetten. Den Salat auf zwei Teller verteilen und die Hähnchenstreifen darauf anrichten.

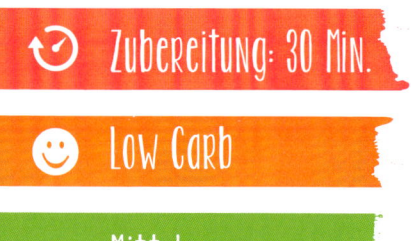

Zubereitung: 30 Min.

Low Carb

Mittel

ROTE-BETE-SALAT MIT ORIENT-TOUCH

Rote Bete ist in jeder Hinsicht mega: megagesund, megalecker, ein mega Eyecatcher und mega für die Ökobilanz, weil sie als heimisches Superfood nicht erst um die halbe Welt fliegen musste, um auf unserem Teller zu landen.

FÜR 2 PERSONEN

2 EL Honigsenf

4 EL Balsamico bianco

3 EL Olivenöl | Zimtpulver

1 TL gemahlener Kreuzkümmel

Salz | Pfeffer aus der Mühle

160 g Ziegenfrischkäsetaler

2 TL Schwarzkümmel

2 EL gerösteter Sesam

200 g Rote Beten

4 rote Perlzwiebeln

½ Granatapfel

80 g Blattsalat (z. B. Baby-Kale, Baby-Spinat, Feldsalat oder Salatmix)

2 Handvoll Pecannusskerne

Pro Person: ca. 630 kcal, 17 g EW, 48 g F, 26 g KH

1. Für das Dressing Senf, Essig und Olivenöl mit 1 Prise Zimt und Kreuzkümmel verrühren. Mit Salz und Pfeffer abschmecken.

2. Aus dem Ziegenfrischkäse mit den Händen 6 – 8 Kugeln rollen. Schwarzkümmel und Sesam mischen und die Käsekugeln darin wenden.

3. Rote Beten schälen und mit einem Spiralschneider in lange „Nudeln" schneiden. Die Zwiebeln schälen und in feine Ringe schneiden. Granatapfelkerne herauslösen. Blattsalat waschen und trocken schleudern, eventuell grobe Stiele entfernen.

4. Zwiebeln, Rote-Bete-Nudeln, Pecannüsse, Blattsalat und Granatapfelkerne auf Teller verteilen, die Ziegenkäsekugeln darauf anrichten und mit dem Dressing beträufeln.

TIPP: Gemischte Blatt- oder Pflücksalate findet ihr inzwischen in großer Auswahl im Kühlregal jedes größeren Supermarkts. Wer keine Pecannusskerne verträgt oder mag, kann sie zum Beispiel auch durch Cashewkerne ersetzen.

Zubereitung: 20 Min.

Superfoods

Mittel

KARTOFFELSALAT MIT THUNFISCH

Ein Leben ohne Kartoffeln ist für mich undenkbar – ich liebe sie in jeder Zubereitungsform! Damit die Packung fürs Sixpack nicht zu fett wird, kombinieren wir hier ein paar leckere Kartöffelchen ohne schwere Sauce mit viel Salat und Gemüse.

FÜR 2 PERSONEN

300 g festkochende Kartoffeln
Salz
1 orangefarbene Paprikaschote
1½ EL Olivenöl
2 TL Honig
3 EL Balsamico bianco
½ Salatgurke
50 g gemischte Oliven (ohne Stein)
1 Mini-Romanasalat
1 TL Dijon-Senf
Pfeffer aus der Mühle
1 Dose Thunfisch (im eigenen Saft; 130 g Abtropfgewicht)

Pro Person: ca. 415 kcal,
21 g EW, 23 g F, 27 g KH

1. Die Kartoffeln schälen und in leicht gesalzenem Wasser zugedeckt bei schwacher Hitze etwa 20 – 25 Minuten gar kochen.

2. Inzwischen die Paprikaschote entkernen, waschen und in mundgerechte Stücke schneiden. In 1 EL Olivenöl anbraten, mit 1 TL Honig und 1 EL Essig ablöschen. Mit Salz würzen, 50 ml Wasser dazugießen und 4 – 5 Minuten verkochen lassen. Dann vom Herd nehmen.

3. Die Salatgurke waschen, längs halbieren, entkernen und in Scheiben schneiden. Die Oliven halbieren. Den Salat zerpflücken, waschen und trocken schleudern. Die Blätter klein zupfen.

4. Die Kartoffeln abgießen und ausdampfen lassen. Dann längs halbieren und in Scheiben schneiden. Für das Dressing übrigen Essig, Senf, restlichen Honig und übriges Olivenöl verrühren, mit Salz und Pfeffer würzen.

5. Den Thunfisch abtropfen lassen, mit den Kartoffelscheiben, den übrigen vorbereiteten Zutaten und dem Dressing gründlich mischen. Nach Belieben etwas Feta über den Salat bröckeln und Schnittlauchröllchen darüberstreuen.

Zubereitung: 30 Min.

Gesunde Fette

Mittel

SALAT MIT LINSENNUDELN

FÜR 2 PERSONEN

125 g Rote-Linsen-Nudeln (ersatzweise Erbsen- oder Vollkornnudeln)
Salz
1 orangefarbene Paprikaschote
5 Stiele Basilikum
100 g eingelegte Artischockenherzen (in Öl)
125 g Mini-Mozzarellakugeln
125 g Zucchini
1 TL Olivenöl
2 EL Balsamico bianco
Pfeffer aus der Mühle
50 g eingelegte Oliven (gemischt;
ohne Stein)
30 g Mandeln (mit Haut)
1 TL Dijon-Senf

Pro Person: ca. 570 kcal,
32 g EW, 29 g F, 41 g KH

1. Die Nudeln in einem Topf in reichlich kochendem Salzwasser nach Packungs-anweisung bissfest garen. Dann in ein Sieb abgießen kalt, abschrecken und abtropfen lassen.

2. Während die Nudeln kochen, die Paprika-schote längs halbieren, entkernen, wa-schen und in kleine Würfel schneiden. Basilikum waschen, trocken tupfen und die Blätter abzupfen. Die Artischockenher-zen auf Küchenpapier entfetten und hal-bieren. Den Mozzarella abtropfen lassen.

3. Zucchini putzen, waschen, halbieren und in dicke Scheiben schneiden. Das Olivenöl in einer Pfanne erhitzen und die Zucchini-scheiben darin kurz anbraten. Dann mit ½ EL Essig ablöschen und mit Salz und Pfeffer würzen.

4. Alle vorbereiteten Zutaten mit den Oliven und den Mandeln mischen. Den restlichen Essig mit dem Senf verrühren und unter-rühren. Den Salat mit Salz und Pfeffer ab-schmecken, auf zwei Teller verteilen und servieren.

TIPP: Wenn ihr den Nudelsalat mitnehmen wollt, füllt ihn einfach in ein Schraubglas, packt das Dressing separat ein und gebt es erst kurz vor dem Essen darüber. Dann bleiben die Nudeln länger bissfest.

Zubereitung: 25 Min.

Kraftfutter

Einfach

THAI-NUDELSALAT MIT ROASTBEEF

Falls ihr Konjak-Nudeln – die haben nix mit Cognac zu tun – noch nicht kennt, wird es Zeit, das nachzuholen! Sie werden aus der gleichnamigen Wurzel hergestellt, sind fast frei von Kohlenhydraten und Fett: perfekt für alle, die auf ihre Figur achten.

FÜR 2 PERSONEN

100 g Konjak-Bandnudeln

100 g (rote) Möhren

3 Frühlingszwiebeln

½ Salatgurke

150 g Roastbeef-Aufschnitt

5 Stiele Koriandergrün

2 EL Limettensaft

1 EL Thai-Fischsauce (Nam Pla)

1 TL Sambal Oelek

2 TL geröstetes Sesamöl

Salz | Honig

50 g gesalzene geröstete Erdnuss-kerne

Pro Person: ca. 385 kcal, 24 g EW, 26 g F, 11 g KH

1. Die Nudeln nach Packungsanweisung garen. In ein Sieb abgießen, kalt abschrecken und abtropfen lassen.

2. Die Möhren schälen und in feine Streifen schneiden oder mit dem Spiralschneider in feine „Nudeln" schneiden. Die Frühlingszwiebeln putzen, waschen und schräg in Ringe schneiden. Die Gurke waschen, längs halbieren und in dünne Scheiben schneiden. Das Roastbeef in breite Streifen schneiden. Den Koriander waschen, trocken tupfen und die Blätter abzupfen.

3. Für das Dressing Limettensaft, Fischsauce, Sambal Oelek und Sesamöl verrühren. Nach Belieben 1 Knoblauchzehe schälen und dazupressen. Mit Salz würzen und mit etwas Honig abschmecken.

4. Das Dressing mit den vorbereiteten Zutaten und den Erdnüssen in einer Schüssel mischen und kurz ziehen lassen. Eventuell noch mit Salz abschmecken. Den Salat auf zwei Teller verteilen und servieren.

TIPP: Anstelle von Konjak-Nudeln könnt ihr natürlich auch andere Low-Carb-Nudeln nehmen. Da die preislich aber ganz schön reinhauen, finde ich Gemüsenudeln oder auch Vollkornnudeln eine gute Alternative.

Zubereitung: 20 Min.

Low Carb

Einfach

HIRSE-TABOULÉ MIT MINZJOGHURT

FÜR 2 PERSONEN

70 g Hirse
Salz
gemahlene Kurkuma
1 Schalotte
2 Frühlingszwiebeln
ca. 1½ EL Zitronensaft
1 EL Olivenöl
1–1½ TL Honig
Pfeffer aus der Mühle
100 g Zucchini
8 Stiele Minze
4 Stiele Petersilie
4 getrocknete Tomaten (in Öl)
2 EL Mandeln (mit Haut)
125 g Naturjoghurt (am besten Ziegenjoghurt)

Pro Person: ca. 355 kcal,
10 g EW, 19 g F, 35 g KH

1. Die Hirse in einem Topf mit 200 ml leicht gesalzenem Wasser und 1 Prise Kurkuma zum Kochen bringen. Die Temperatur reduzieren, die Hirse zugedeckt bei schwacher Hitze 15 Minuten köcheln lassen.

2. Inzwischen die Schalotte schälen und in feine Würfel schneiden. Die Frühlingszwiebeln putzen, waschen und in feine Ringe schneiden. Beides in einer Schüssel mit 1 EL Zitronensaft, Olivenöl und 1 TL Honig verrühren, mit Salz und Pfeffer würzen. Den Topf vom Herd nehmen und die Hirse zugedeckt 10 Minuten quellen lassen.

3. Die Zucchini putzen, waschen und in kleine Würfel schneiden. Die Kräuter waschen und trocken tupfen, die Blätter abzupfen und fein hacken. Die Hälfte der Minze für den Dip beiseitelegen. Die getrockneten Tomaten auf Küchenpapier entfetten und in feine Streifen schneiden. Alle vorbereiteten Zutaten und die Mandeln mit den marinierten Frühlingszwiebeln mischen.

4. Für den Dip Joghurt, beiseitegelegte Minze und 1 TL Zitronensaft verrühren. Mit Salz, Pfeffer, Zitronensaft und ein paar Tropfen Honig abschmecken. Die Hirse mit einer Gabel auflockern und mit den restlichen Salatzutaten mischen. Den Salat auf zwei Teller verteilen und noch lauwarm mit dem Minzjoghurt servieren.

Zubereitung: 30 Min.

Leichter Genuss

Einfach

HIRSE-FAUSTREGEL

1 Teil Hirse mit 3 Teilen leicht gesalzenem Wasser aufkochen und bei schwacher Hitze zugedeckt garen. Für mehr Geschmackswumms gart ihr die Hirse in Gemüsebrühe. Achtung: Hirse nie roh verzehren!

GÖNN DIR JEDE WOCHE EINEN SCHIETTAG!

OHNE ÄRGER UND REUE

Genussmittel sind meist unvernünftige Dinge. Und die sind zusammen mit den verbotenen Dingen ja schon immer die spannendsten gewesen. Wobei es bei mir eigentlich keine Verbote gibt! Unvernünftiges solltest du allerdings nicht allzu regelmäßig tun – das gilt auch beim Essen. Wenn du dir dann doch mal ein Eis oder ein Stück Kuchen gönnst, dann genieß es ohne Reue und Ärger! Feiere eine Genussmahlzeit so, wie wir früher als Kinder Lakritzschnecken oder andere Süßigkeiten vom Büdchen oder vom Kiosk gefeiert haben, wenn uns die Großeltern dafür ein paar Groschen in unsere Patschehände gedrückt hatten.

BOOM - ENDLICH WIEDER GESCHMACKSBOMBEN GENIESSEN

Wir können alles immer und überall bekommen – deshalb verschwimmen bedauerlicherweise die Grenzen zwischen Genuss- und Nahrungsmitteln. Wir stopfen Genussmittel ganz selbstverständlich in uns hinein. In meinem Kopf hat sich mit Beginn der Ernährungsumstellung ein Schalter, quasi der Genussschalter, umgelegt. Und ich weiß noch genau, wie ich nach vier Monaten Diät das erste Mal wieder vorsichtig die oberste Ecke eines Schokoriegels abgeknabbert habe. Die Geschmacksexplosion in meinem Mund war ein echter Hammer – die werde ich nie wieder vergessen. Die hast du aber nicht, wenn du dir täglich zehn Riegel vor dem Fernseher reinschiebst ...

JEDEM SEINEN FUCKING SUNDAY, MONDAY ...

Weil das Leben aber nicht nur aus Disziplin und Vernunft, sondern eben auch aus teils unvernünftigem Genuss bestehen sollte, leiste ich mir jede Woche einen Fucking Day, einen Schiettag, der meist auf den Sonntag fällt. An diesem Tag gönne ich mir ganz bewusst etwas, das ich mir an den anderen Wochentagen aus Gründen der Disziplin und Vernunft versage. Meist ist das bei uns in der Eisdiele ein riesiges Eis mit acht Kugeln und Sahne und allem Pipapo. Das feiere ich jedes Mal, als wäre es mein erstes Eis im Leben. Es kann aber auch mal eine Currywurst mit Pommes sein oder eine Pizza. Und ich bemühe mich, hinterher kein schlechtes Gewissen zu haben. Denn am nächsten Tag geht es wieder mit der gesunden Ernährung los – und die halte ich die Woche über auch straight durch.

SPAGHETTI MIT "PESTO BESTO"

Dieses Pesto ist echt der Burner, denn im Gegensatz zum klassischen „Kollegen" kommt es ganz ohne Öl aus. Es ist also wesentlich fettärmer, schmeckt aber trotzdem hammermäßig würzig. Unbedingt probieren!

FÜR 2 PERSONEN

3 EL Pinienkerne
30 g Basilikum
2 Knoblauchzehen
80 g Pecorino (am Stück)
1 EL Zitronensaft
150 g Naturjoghurt (3,8 % Fett)
Salz | Pfeffer aus der Mühle
Honig
200 g Vollkornspaghetti
400 g Brokkoli
1 Kästchen Gartenkresse

Pro Person: ca. 730 kcal,
39 g EW, 27 g F, 80 g KH

1. Die Pinienkerne in einer Pfanne ohne Fett hellbraun anrösten und sofort herausnehmen. Basilikum waschen, trocken tupfen und samt Stielen grob klein schneiden. Knoblauch schälen und mit 50 g Pecorino in grobe Würfel schneiden. 2 EL Pinienkerne, Basilikum, Knoblauch und Pecorinowürfel mit Zitronensaft und Joghurt fein pürieren. Das Pesto mit Salz, Pfeffer und etwas Honig abschmecken.

2. Die Spaghetti in einem Topf in reichlich kochendem Salzwasser nach Packungsanweisung bissfest garen. Den Brokkoli putzen und waschen, den unteren Teil des Stiels wegschneiden. Den Brokkoli in kleine Röschen teilen und den oberen Teil des Stiels in Scheiben schneiden. Etwa 3 Minuten vor Ende der Garzeit den Brokkoli zu den Spaghetti geben und bissfest garen.

3. Spaghetti und Brokkoli in ein Sieb abgießen und zurück in den Topf geben. Mit dem Pesto mischen und auf zwei Pastateller verteilen. Etwas Pfeffer grob darübermahlen, den restlichen Pecorino grob reiben und darüberstreuen. Die Kresse vom Beet schneiden, darauf anrichten und die Spaghetti sofort servieren.

TIPP: Anstelle von Vollkornspaghetti könnt ihr natürlich auch mal Konjak-Nudeln (siehe Seite 60) nehmen. Super schmeckt das Pesto auch mit Dinkelnudeln.

Zubereitung: 25 Min.

Kohlenhydrate satt

Einfach

QUARKPUFFER MIT MÖHRENSALAT

FÜR 2 PERSONEN

Für die Puffer:

50 g blütenzarte Haferflocken

30 g Salatkern-Mix

250 g Speisequark (20 % Fett)

1 Ei (Größe M)

2 Frühlingszwiebeln

1 TL Currypulver

Salz | Pfeffer aus der Mühle

Öl zum Braten

Für den Salat:

250 g Möhren

1 Apfel (z. B. Cox Orange)

4 EL Mandeln (mit Haut)

2 EL Zitronensaft | 2 EL Rapsöl

Currypulver

Salz | Pfeffer aus der Mühle

Honig

Pro Person: ca. 705 kcal,
31 g FW, 43 g F, 42 g KH

1. Für die Puffer die Haferflocken im Blitz-hacker mahlen, die Kerne dazugeben und kurz grob mahlen. Die Mischung in einer Schüssel mit Quark und dem Ei glatt rühren. Frühlingszwiebeln putzen, waschen und in Ringe schneiden. Mit dem Curry-pulver unterrühren. Mit Salz und Pfeffer abschmecken und etwas quellen lassen.

2. Inzwischen für den Möhrensalat die Möhren putzen, schälen und mit dem Spiral-schneider in „Bandnudeln" schneiden. Den Apfel waschen und halbieren, dabei das Kerngehäuse entfernen. Die Apfelhälften in dünne Scheiben schneiden, mit Möhren und Mandeln mischen. Zitronensaft, Öl und 2 Prisen Curry dazugeben. Mit Salz, Pfeffer und etwas Honig abschmecken.

3. Eine große beschichtete Pfanne erhitzen und wenig Öl hineingeben. Die Quarkmas-se mit zwei Esslöffeln in 8 Portionen in die Pfanne setzen und etwas flach drücken. Die Puffer bei mittlerer Hitze etwa 3 Minu-ten backen, dann wenden und nochmals 3 Minuten backen, bis beide Seiten gut gebräunt sind. Die Puffer aus der Pfanne nehmen und auf Küchenpapier entfetten.

4. Die Quarkpuffer mit dem Möhrensalat auf Tellern anrichten und nach Belieben mit Roter-Rettich-Kresse garnieren.

Zubereitung: 25 Min.

Fitness-Kombi

Mittel

KARTOFFELSTAMPES MIT MINUTENSTEAKS

FÜR 2 PERSONEN

100 ml Buttermilch
2 EL gehackte Kräuter (z. B. Petersilie, Rosmarin und Thymian)
4 EL Dijon-Senf
1–2 TL Honig
4 Minutensteaks vom Schwein
(à ca. 80–100 g)
2 Schalotten
2 EL Balsamico bianco
1½ EL Rapsöl
Salz | Pfeffer aus der Mühle
4 große Endiviensalatblätter
400 g vorwiegend festkochende Kartoffeln
80 ml Milch
1 EL Butter
frisch geriebene Muskatnuss

Pro Person: ca. 505 kcal,
52 g EW, 18 g F, 30 g KH

1. Am Vorabend die Minutensteaks marinieren. Dafür Buttermilch, Kräuter, 3 EL Senf und 1 TL Honig verrühren. Die Steaks mit der Marinade übergießen und über Nacht zugedeckt kühl stellen.

2. Am nächsten Tag die Schalotten schälen und in feine Würfel schneiden. In einer Schüssel mit Essig, 1 EL Öl und restlichem Senf verrühren, mit Salz, Pfeffer und etwas Honig würzen. Die Salatblätter waschen und trocken schleudern, dann in feine Streifen schneiden. Den Salat mit dem Dressing mischen.

3. Für den Stampes die Kartoffeln schälen und in einem Topf knapp mit Salzwasser bedeckt zum Kochen bringen. Mit schräg aufgelegtem Deckel bei schwacher Hitze etwa 20 Minuten gar köcheln lassen.

4. Die Kartoffeln abgießen und etwas ausdampfen lassen. Dann Milch und Butter dazugeben und alles mit dem Kartoffelstampfer fein stampfen. Mit Salz, Pfeffer und Muskatnuss würzen.

5. Die Minutensteaks trocken tupfen. Übriges Öl in einer beschichteten Pfanne erhitzen und die Steaks auf jeder Seite etwa 1½ Minuten braten, bis sie leicht gebräunt und gar sind. Mit Salz und Pfeffer würzen.

6. Den Endiviensalat unter den Kartoffelstampf rühren und den Stampes auf zwei Teller häufen. Die Steaks darauf anrichten.

Zubereitung: 40 Min.

Marinieren: 12 Std.

Eiweiß-Kick

BLÄTTER MIT BISS

Wer keinen Endiviensalat bekommt, kann stattdessen auch Gurkenscheiben oder Chicorée unter den Stampes heben. Beide haben genügend Biss, um nicht zu sehr zusammenzufallen.

PUTENGYROS MIT KRAUTSALAT

Wenn ihr das probiert habt, kann der griechische Imbiss an der Ecke einpacken! Fettarmes Fleisch mit viel Würzpower trifft auf Krautsalat, der im Gegensatz zur Fast-Food-Variante ohne versteckten Zucker oder dubiose Süßungsmittel auskommt.

FÜR 2 PERSONEN

300 g Putenmedaillons
1 Knoblauchzehe
1 TL gemahlener Kreuzkümmel
1 Msp. Paprikapulver (edelsüß)
1 TL getrockneter Oregano
1 TL getrockneter Thymian
2 EL Olivenöl
1 Rezept Mojo-Quark (Seite 128)
200 g Spitzkohl
100 g Möhren
1 Stiel Dill
2 EL Balsamico bianco
1 EL Zitronensaft
Salz | Pfeffer aus der Mühle
Honig

Pro Person: ca. 405 kcal,
52 g EW, 12 g F, 18 g KH

1. Das Putenfleisch unter fließendem kaltem Wasser waschen und mit Küchenpapier trocken tupfen, anschließend in feine Streifen schneiden. Den Knoblauch schälen und dazupressen. Kreuzkümmel, Paprikapulver, getrocknete Kräuter und ½ EL Olivenöl dazugeben und alles gut mischen. Den Mojo-Quark zubereiten.

2. Für den Salat den Kohl putzen, waschen und in feine Streifen schneiden oder hobeln. Möhren putzen, schälen und mit dem Spiralschneider in feine „Nudeln" schneiden oder raspeln. Den Dill waschen und trocken tupfen, die Spitzen abzupfen und grob hacken. Kohl, Möhren und Dill mit ½ EL Olivenöl, Essig und Zitronensaft mischen. Mit Salz, Pfeffer und etwas Honig abschmecken.

3. Das restliche Olivenöl in einer Pfanne erhitzen und das Fleisch darin etwa 5 Minuten rundherum anbraten, bis es leicht gebräunt ist. Den Krautsalat mit Gyros und Mojo-Quark servieren.

Zubereitung: 25 Min.

Low Carb

Einfach

BUCHWEIZENSCHMARRN MIT SCHINKEN

Da Buchweizen viele Ballaststoffe enthält, macht er lange satt und ist ein super Ersatz für Weizen- oder Roggenmehl. Buchweizen ist ein sogenanntes Pseudo-Getreide. Damit ist er glutenfrei und für eine Diät sehr viel effektiver als seine „Verwandtschaft".

FÜR 2 PERSONEN

1 rote Paprikaschote
2 Möhren
4 Radieschen
2 Frühlingszwiebeln
2 Eier (Größe L)
200 ml Milch
60 g Buchweizenmehl
Salz | 2 TL Öl
50 g magere Schinkenwürfel
250 g Magerquark
4 EL gehackte Kräuter (z. B. Schnittlauch, Petersilie, Basilikum;
oder 4 EL TK-Gartenkräuter)
1 EL Balsamico bianco
Pfeffer aus der Mühle

Pro Person: ca. 500 kcal,
35 g EW, 20 g F, 43 g KH

1. Die Paprika halbieren, entkernen, waschen und in Spalten schneiden. Die Möhren putzen, schälen und in Stifte schneiden. Die Radieschen putzen, waschen und halbieren. Frühlingszwiebeln putzen, waschen und in Ringe schneiden.

2. Für den Teig die Eier trennen. Milch und Buchweizenmehl in einer Schüssel verrühren, dann die Eigelbe unterschlagen. Die Eiweiße mit 1 Prise Salz steif schlagen und unter den Teig heben.

3. Das Öl in einer beschichteten Pfanne erhitzen, die Schinkenwürfel darin bei mittlerer Hitze rundherum anbraten. Die Frühlingszwiebelringe dazugeben und kurz mitbraten. Den Teig gleichmäßig darauf verteilen und offen bei mittlerer Hitze 4 – 5 Minuten backen, bis die Unterseite gebräunt ist. Anschließend den Teig vierteln, wenden und 3 – 4 Minuten fertig backen.

4. Inzwischen den Quark mit den Kräutern und dem Essig verrühren und mit Salz und Pfeffer würzen. Den Teig mit dem Pfannenwender oder mit zwei Gabeln in grobe Stücke zerteilen und noch kurz weiterbraten. Schmarrn, Quark und Gemüse auf zwei Tellern anrichten und servieren.

Zubereitung: 25 Min.

Ballaststoffreich

Mittel

GEMÜSEQUICHE MIT FETA

Im Vergleich zu einer Quiche mit Mürbe- oder Blätterteigboden kommt diese hier dank des fettarmen Filoteigs ganz leicht daher! Und der Teig hat so viel Knusper, wie ihr es bei einer gewöhnlichen Quiche kaum finden werdet. Hammergut!

FÜR 4 PERSONEN

5 Filo- oder Yufkateigblätter
(125 g; 30 x 30 cm; aus dem türkischen Lebensmittelgeschäft)
2 EL Olivenöl
300 g Süßkartoffel
½ rote Paprikaschote
150 g Zucchini
½ rote Zwiebel
50 g schwarze Oliven (ohne Stein)
2 TL Bärlauchpesto
1 EL Balsamico bianco
Salz | Pfeffer aus der Mühle
150 g Feta (Schafskäse)
3 Eier (Größe L)
125 ml Milch

Pro Person: ca. 470 kcal,
18 g EW, 25 g F, 41 g KH

Zubereitung: 35 Min.

Backen: 40 Min.

Einfach

1. Die Filoteigblätter dünn mit 1 EL Olivenöl bestreichen und übereinanderlegen. Dann eine Springform (28 cm Ø) damit auslegen und den überstehenden Teig mit einer Schere abschneiden.

2. Für die Füllung die Süßkartoffel schälen, die Paprikaschote entkernen, waschen und beides klein schneiden. Die Zucchini putzen, waschen, längs halbieren und in dicke Scheiben schneiden. Die Zwiebel schälen und in grobe Würfel schneiden.

3. Den Backofen auf 200 °C vorheizen. Das restliche Olivenöl erhitzen, das Gemüse darin 6–8 Minuten rundum anbraten. Die Oliven dazugeben, Bärlauchpesto und Essig unterrühren, mit Salz und Pfeffer abschmecken. Den Feta zerbröckeln und auf den Teig streuen. Die Gemüsemischung gleichmäßig darauf verteilen.

4. Für den Guss Eier und Milch verquirlen, mit Salz und Pfeffer würzen und über das Gemüse gießen. Den überstehenden Teig nach innen klappen. Die Quiche im heißen Ofen auf der mittleren Schiene 35–40 Minuten backen, bis der Guss gestockt und die Oberfläche leicht gebräunt ist.

5. Die Quiche aus dem Ofen nehmen und vorsichtig aus der Form lösen. In Stücke schneiden und einen grünen Salat dazu servieren. Oder über Nacht kühl stellen und mittags aufwärmen.

VÖLLIG FREIE WAHL

Beim Gemüse könnt ihr nach Jahreszeit, Lust und Laune variieren, zum Beispiel mal mit Spargel, mit Pfifferlingen und mit einer grünen Version aus Erbsen, Brokkoli und/oder Spinat.

ABENDESSEN

Manch einer, der auf sein Gewicht achtet oder es reduzieren möchte, verzichtet komplett auf diese Mahlzeit. Das könnte ich auf gar keinen Fall! Auf mein geliebtes Abendessen verzichten, das geht gar nicht, no Way! Wenn ich mit Hunger ins Bett gehen muss, kann ich nicht ordentlich pennen. Stattdessen achte ich darauf, abends etwas Leichtes zu essen, das nicht zu schwer im Magen liegt. Bei den folgenden Gerichten hat sich mein Magen jedenfalls noch kein einziges Mal beschwert ... und der hat Ahnung, das kann ich euch sagen!

WER ABENDS NICHT ZU SCHWER ISST, DARF MIT SATTEM MAGEN UND BESTEM GEWISSEN DEN TAG BEENDEN!

CAESAR SALAD MIT GEFÜLLTEN PILZEN

Caesar Salad kann und kennt inzwischen jeder, aber die Variante mit gefüllten Pilzen findet ihr nur bei mir! Die solltet ihr unbedingt probieren. Und wenn ihr euch was besonders Gutes gönnen wollt, ersetzt ihr das gemischte Hackfleisch durch Tatar.

FÜR 2 PERSONEN

1 Zwiebel | 1 Knoblauchzehe
200 g mageres gemischtes Hackfleisch
2 EL italienische TK-Kräuter
1 EL Pesto rosso
Salz | Pfeffer aus der Mühle
12 Champignons
150 ml Bio-Gemüsebrühe
2 Romana-Salatherzen
10 Radieschen
50 g Parmesan (am Stück)
60 g Joghurt (0,1 % Fett)
1 TL leichte Salatcreme
1 TL Dijon-Senf | ½ EL Zitronensaft
½ Kästchen Gartenkresse

Pro Person: ca. 395 kcal,
41 g EW, 17 g F, 18 g KH

Zubereitung: 35 Min.

Genial variiert

Einfach

1. Den Backofen auf 200 °C vorheizen. Die Zwiebel und den Knoblauch schälen und in feine Würfel schneiden. Beides mit Hackfleisch, Kräutern und Pesto gründlich mischen und mit Salz und Pfeffer würzen. Die Champignons putzen und entstielen. Die Hackfleischmasse in die Pilzhüte häufen und gut andrücken. Die Pilze in eine Auflaufform setzen und die Brühe angießen. Im heißen Backofen auf der mittleren Schiene etwa 20 Minuten garen.

2. In der Zwischenzeit den Salat zerpflücken, waschen und trocken schleudern. Die Blätter in breite Streifen schneiden oder klein zupfen. Die Radieschen putzen, waschen und vierteln. Den Käse mit dem Sparschäler in Streifen schneiden und zerbröckeln.

3. Für das Dressing Joghurt, Salatcreme, Senf und Zitronensaft glatt verrühren. Die Auflaufform aus dem Backofen nehmen. 3 EL Pilzsud abnehmen und unter das Dressing rühren. Das Dressing mit Salz und Pfeffer abschmecken.

4. Das Dressing mit dem Blattsalat und den Radieschen mischen, den Salat auf zwei Tellern anrichten und den Käse darüberstreuen. Die Pilze auf den Salat setzen. Die Kresse vom Beet schneiden und ebenfalls über den Salat streuen. Nach Belieben Brotchips dazu servieren.

GROSSE HÜTE

Ihr könnt auf dieselbe Weise natürlich auch große Champignons – Portobellos genannt – füllen und zubereiten. Die Zutatenmengen für die Füllung dann einfach der Größe der Pilze anpassen.

FELDSALAT MIT AVOCADO

Ich liebe Feldsalat ... sofern das Putzen meine Frau übernimmt. Und die ist so lieb, dass sie das auch echt oft macht. Wenn ihr selbst keine Böcke darauf habt, ersetzt ihr den Feldsalat zum Beispiel durch einen Pflücksalat, der schön kräftig schmeckt.

FÜR 2 PERSONEN

2 EL Balsamico bianco
1 EL Dijon-Senf
2 TL Honig
1½ EL Rapsöl
Salz | Pfeffer aus der Mühle
1 Avocado
4 Scheiben roher, luftgetrockneter Schinken
3 Eier (Größe L)
80 g Feldsalat
2 EL Kürbiskerne

Pro Person: ca. 505 kcal, 26 g EW, 39 g F, 11 g KH

1. Für das Dressing Essig, Senf, Honig und 1 EL Öl verrühren. Wer es süßer mag, mischt noch etwas Xylit unter das Dressing. Mit Salz und Pfeffer abschmecken.

2. Die Avocado halbieren und entkernen. Dann schälen und die Hälften der Länge nach in jeweils 4 Spalten schneiden. Die Schinkenscheiben längs halbieren und um die Avocadospalten wickeln. Die Eier knapp 6 Minuten wachsweich kochen.

3. Inzwischen den Feldsalat waschen und trocken schleudern. Die Kürbiskerne in einer beschichteten Pfanne anrösten, bis sie duften und anfangen zu knacken. Sofort herausnehmen. Die Eier vom Herd nehmen und in kaltem Wasser abschrecken.

4. In einer Pfanne das übrige Öl erhitzen und die Avocadospalten darin kurz rundherum anbraten, bis der Schinken leicht gebräunt ist. Vom Herd nehmen.

5. Den Salat mit dem Dressing mischen und auf zwei Teller verteilen. Die Eier pellen, halbieren und darauf anrichten. Die Avocadospalten ebenfalls auf dem Salat anrichten. Etwas Pfeffer grob darübermahlen und die Kürbiskerne darüberstreuen. Dazu passt Vollkornbrot.

 Zubereitung: 25 Min.

 Low Carb

 Einfach

BLITZ-MINESTRONE MIT PESTO

Jedes Böhnchen gibt ein Tönchen … doch damit sind die Hülsenfrüchte echt unterschätzt. Ich esse Bohnen in jeder Form gerne, weil sie wichtige Proteine liefern. Und ebenso wie Linsen machen sie dabei auch noch schön lange satt.

FÜR 2 PERSONEN

2 Stiele Petersilie
2 Tomaten
600 ml Gemüsebrühe
300 g TK-Suppengemüse
150 g Cannellinibohnen (aus der Dose)
200 g Zucchini
1 EL Pinienkerne
2 Scheiben Frühstücksspeck
Pfeffer aus der Mühle
50 g Parmesan (am Stück)
4 TL Pesto alla genovese
1 EL Balsamico bianco
Salz | Honig

Pro Person: ca. 410 kcal,
24 g EW, 21 g F, 27 g KH

1. Die Petersilie waschen und trocken tupfen. Die Tomaten waschen, halbieren, entkernen und in mundgerechte Stücke schneiden. Brühe, Suppengemüse, Tomaten und Petersilie in einem Topf zum Kochen bringen. Dann zugedeckt bei schwacher bis mittlerer Hitze 8 Minuten köcheln lassen.

2. Die Bohnen in ein Sieb abgießen, abbrausen und abtropfen lassen. Die Zucchini putzen, waschen und in Würfel schneiden. Die Pinienkerne in einer beschichteten Pfanne ohne Fett hellbraun anrösten und sofort herausnehmen. Den Speck klein schneiden und in der Pfanne knusprig auslassen. Die Zucchiniwürfel dazugeben und 2 Minuten mitbraten. Mit Pfeffer würzen. Die Bohnen und die Zucchinimischung in die Suppe geben und noch etwa 3 Minuten köcheln lassen.

3. Den Parmesan mit dem Sparschäler in Streifen schneiden und diese grob zerbröckeln. Die Petersilie aus der Suppe nehmen, 2 TL Pesto und den Essig unterrühren. Die Suppe mit Salz, Pfeffer und wenig Honig abschmecken und auf zwei Suppenteller oder -schalen verteilen. Mit dem restlichen Pesto beträufeln, mit Parmesan und Pinienkernen bestreuen und servieren.

Zubereitung: 25 Min.

Suppenglück

Einfach

BLITZ-PESTO LIGHT

3–4 EL weiße vorgegarte Bohnen mit 2 EL Olivenöl, den Blättern von 1 großen Bund Basilikum,
20 g gerösteten Pinienkernen und 30 g geriebenem
Parmesan pürieren: So spart man viel Fett!

RATATOUILLE MIT ZIEGENKÄSE

Gemüse, Gemüse, Gemüse – darauf stehe ich in jeglicher Form! Ratatouille finde ich noch mal geiler. Hier ist mir auch die Tomate herzlichst willkommen, mit der ich in rohem Zustand nach wie vor etwas auf Kriegsfuß stehe. Aber ich arbeite dran, Leute!

FÜR 2 PERSONEN

200 g Aubergine
200 g Zucchini
1 gelbe Paprikaschote
1 rote Zwiebel
2 Knoblauchzehen
4 TL Olivenöl
2 TL getrocknete Kräuter der Provence
3 TL Honig
200 ml Bio-Gemüsebrühe
200 g stückige Tomaten (aus der Dose)
150 g Ziegenweichkäserolle
Salz | Pfeffer aus der Mühle
½–1 EL Aceto balsamico

Pro Person: ca.415 kcal,
21 g EW, 28 g F, 17 g KH

 Zubereitung: 30 Min.

 Low Carb

 Einfach

1. Aubergine und Zucchini waschen, längs vierteln und in etwa 1 cm dicke Scheiben schneiden. Die Paprika längs halbieren, entkernen, waschen und in mundgerechte Stücke schneiden. Die Zwiebel schälen und grob würfeln. Den Knoblauch schälen und in feine Würfel schneiden.

2. Die Auberginen- und Zucchinischeiben nacheinander in je 1 TL Olivenöl in einer beschichteten Pfanne anbraten, bis sie rundherum leicht gebräunt sind. Wieder aus der Pfanne nehmen.

3. Nochmals 1 TL Olivenöl in der Pfanne erhitzen, Paprika und Zwiebel darin anbraten. Knoblauch, Kräuter der Provence und 2 TL Honig hinzufügen und leicht karamellisieren lassen. Brühe und stückige Tomaten hinzufügen, kurz aufkochen und offen 2–3 Minuten köcheln lassen. Die Auberginenscheiben hinzufügen und weitere 3–4 Minuten köcheln lassen. Zuletzt die Zucchini dazugeben und erhitzen. Zugedeckt warm halten.

4. Den Ziegenkäse in 4 Scheiben schneiden. In einer zweiten beschichteten Pfanne das restliche Olivenöl erhitzen, die Scheiben in der Pfanne von beiden Seiten anbraten, bis sie außen leicht gebräunt und innen weich sind. Mit dem restlichen Honig beträufeln.

5. Das Gemüse mit Salz, Pfeffer und Essig abschmecken. Auf zwei Teller verteilen und den Ziegenkäse darauf anrichten.

SÜSSKARTOFFEL MIT ROTE-BETE-HUMMUS

Nur wenige wissen, dass der Betacarotingehalt von Süßkartoffeln fast so hoch ist wie der von Möhren. Das schützt die Zellen und stärkt die Abwehrkräfte. Außerdem sind Süßkartoffeln ballaststoffreicher als Kartoffeln – sie machen also länger satt!

FÜR 2 PERSONEN

2 Süßkartoffeln (à 300 g)
1 Dose Kichererbsen
(265 g Abtropfgewicht)
200 g gegarte Rote Beten
(vakuumiert)
60 g Tahin (Sesampaste)
3–4 EL Zitronensaft
½ TL gemahlener Kreuzkümmel
1 EL Olivenöl
Salz | Pfeffer aus der Mühle
je 1 Stiel Petersilie und Dill
100 g Salatgurke
120 g Feta
2 TL Hanfsamen (ersatzweise
Kürbis- oder Sonnenblumenkerne)

Pro Person: ca. 775 kcal,
24 g EW, 30 g F, 93 g KH

Zubereitung: 25 Min.

Garzeit: 55 Min.

Einfach

1. Den Backofen auf 190 °C vorheizen. Die Süßkartoffeln waschen und im heißen Backofen auf dem mit Backpapier ausgelegten Rost 55 Minuten garen.

2. Inzwischen für den Hummus die Kichererbsen in ein Sieb abgießen, abbrausen und abtropfen lassen. Rote Beten abtropfen lassen und klein würfeln. Die Kichererbsen und Rote-Bete-Würfel mit Tahin, 3 EL Zitronensaft, Kreuzkümmel, Olivenöl und etwas Salz fein pürieren. Mit Salz, Pfeffer und Zitronensaft abschmecken.

3. Die Kräuter waschen und trocken tupfen, die Blätter bzw. Spitzen abzupfen und grob hacken. Die Gurke waschen, der Länge nach vierteln und in Scheiben schneiden. Den Feta grob zerbröckeln.

4. Die Süßkartoffeln aus dem Ofen nehmen, der Länge nach aufschneiden und auseinanderklappen. Das Fruchtfleisch mit einer Gabel etwas auflockern, mit Salz und Pfeffer würzen und flach drücken. Die Hälfte des Hummus daraufgeben (den Rest kühl stellen und anderweitig verwenden!). Gurke, Feta, Kräuter und Hanf darüberstreuen. Dazu passt ein Rucolasalat.

TIPP: Eilige essen den Hummus mit Süßkartoffeltoast. Dazu die geschälten Süßkartoffeln in etwa 4 mm dicke Scheiben schneiden, in den Toaster schieben, bis die Schnittflächen bräunen und leichte Blasen werfen – das dauert knapp 10 Minuten.

ZUCCHINI MIT THUNFISCH

Zucchini an sich sind ja eher geschmacksneutral. Aber genau deshalb sind sie mit so vielen anderen Zutaten kombinierbar. Gefüllt mit Thunfisch und Feta bekommen sie hier nicht nur Geschmack, sondern werden auch zur tipptopp Proteinquelle.

FÜR 2 PERSONEN

200 g stückige Tomaten
(aus der Dose)
150 ml Bio-Gemüsebrühe
1 TL Olivenöl
1 TL Balsamico bianco
2 TL Honig | 1 Knoblauchzehe
Salz | Pfeffer aus der Mühle
30 g getrocknete Tomaten (in Öl)
1 Schalotte
1 Dose Thunfisch (im eigenen Saft;
Abtropfgewicht 130 g)
150 g Feta | 30 g Couscous
2 TL Ajvar
1 TL getrocknete Kräuter der Provence
2 Zucchini (à ca. 450 g, ca. 25 cm lang)

Pro Person: ca. 550 kcal,
38 g EW, 30 g F, 27 g KH

1. Den Backofen auf 200 °C vorheizen. Für die Sauce die stückigen Tomaten und 75 ml Brühe mit Olivenöl, Essig und 1 TL Honig verrühren. Den Knoblauch schälen, ½ Zehe dazupressen, mit Salz und Pfeffer würzen und in eine rechteckige Auflaufform (ca. 35 x 25 cm) geben.

2. Für die Füllung getrocknete Tomaten abtropfen lassen und fein würfeln. Die Schalotte schälen und in feine Würfel schneiden. Den Thunfisch abtropfen lassen. Den Feta fein zerbröseln. Alles mit Couscous, Schalottenwürfeln, Ajvar, Kräutern, restlicher Brühe und übrigem Honig mischen. Den restlichen Knoblauch dazupressen und mit Salz und Pfeffer würzen.

3. Die Zucchini putzen, waschen, der Länge nach halbieren und mit einem Löffel entkernen. Quer in die Auflaufform auf die Sauce legen. Die Thunfisch-Feta-Mischung in die Mulden füllen. Im heißen Backofen auf der mittleren Schiene 40 Minuten garen. Dann aus dem Ofen nehmen und mit der Sauce auf Tellern anrichten. Nach Belieben mit gehackter Petersilie oder gehacktem Basilikum bestreut servieren.

TIPP: Wer gerne Oliven mag, gibt in die Füllung zusätzlich 4 EL fein gehackte, entsteinte Oliven.

Zubereitung: 20 Min.

Garzeit: 40 Min.

Einfach

FELDSALAT MIT KARTOFFELNOCKEN

Wenn Männer Salat essen, sieht man häufig die Zähne lang werden. Nicht so mit meinem Favoriten Feldsalat – hier in einer zweiten Variante. Und gerade was den Gehalt an Vitaminen und Mineralstoffen angeht, übertrifft er viele seiner „Verwandten".

FÜR 2 PERSONEN

1 festkochende Kartoffel (100 g)
Salz
40 g Pecorino oder Parmesan
(am Stück)
100 g Magerquark
30 g Dinkelvollkornmehl
½ verquirltes Ei
Pfeffer aus der Mühle
125 g Feldsalat
1 Apfel (z. B. Braeburn)
2 EL Apfelessig
2 TL körniger Senf | 1 TL Honig
1 EL Walnussöl
2 EL Walnusskerne | 1 EL Öl
50 g magere Schinkenwürfel

Pro Person: ca. 510 kcal,
25 g EW, 29 g F, 34 g KH

1. Für die Nocken die Kartoffel waschen und knapp mit leicht gesalzenem Wasser bedeckt zum Kochen bringen. Mit schräg aufgelegtem Deckel bei schwacher Hitze etwa 25 Minuten gar kochen. Danach abgießen und ausdampfen lassen.

2. Den Käse fein reiben. Die Kartoffel pellen und mit einer Gabel fein zerdrücken. Kartoffel, Käse, Quark, Mehl und Ei gründlich mischen, mit Salz und Pfeffer würzen und 30 Minuten zugedeckt kühl stellen.

3. Aus der Nockenmasse zwetschgengroße, etwa 1 ½ cm dicke Nocken formen. Den Salat waschen und trocken schleudern. Den Apfel waschen und halbieren, dabei das Kerngehäuse entfernen. Die Apfelhälften in dünne Scheiben schneiden.

4. Für das Dressing Essig, Senf, Honig und Walnussöl verrühren, mit Salz und Pfeffer würzen. Salat, Apfelscheiben und Walnüsse mit dem Dressing mischen und auf zwei Teller verteilen.

5. Das Öl in einer beschichteten Pfanne erhitzen. Die Nocken darin bei mittlerer Hitze 5–7 Minuten anbraten, bis sie rundherum gebräunt sind, dabei mehrfach wenden und nach der Hälfte der Zeit den Schinken dazugeben. Nocken und Schinkenwürfel auf dem Salat anrichten.

Zubereitung: 45 Min.

Zum Sattessen

Mittel

FORMVOLLENDET

Wem das Formen von Nocken zu lästig ist, der kann aus der Masse mit angefeuchteten Händen Bällchen formen. Diese dann einfach zu schnuckeligen Talern flach drücken und braten.

DEFFIS CURRYPFANNE MIT BROKKOLI

In dieser Currypfanne stecken mit Granatapfel- und Cashewkernen Superfoods vom Feinsten. Für eine angenehm milde Süße sorgt hier anstelle von Haushaltszucker ein gelber Fruchtsmoothie. Genial, oder?

FÜR 2 PERSONEN

250 g Brokkoli
200 g Möhren
80 ml gelber Smoothie
(Fertigprodukt; aus dem Kühlregal)
2 TL gelbe Currypaste
1 EL Zitronensaft | Salz
1 rote Paprikaschote
200 g Räuchertofu
4 Frühlingszwiebeln
1 EL Öl
50 g Cashewkerne
Pfeffer aus der Mühle
2 EL Naturjoghurt
2 EL Granatapfelkerne
2 EL Kokoschips

Pro Person: ca. 505 kcal,
26 g EW, 27 g F, 34 g KH

1. Den Brokkoli in Röschen teilen, waschen und abtropfen lassen. Die Möhren putzen, schälen und in Scheiben schneiden. Brokkoli und Möhren in einem Topf mit Dämpfeinsatz über kochendem Wasser etwa 4 Minuten bissfest dämpfen. Danach in ein Sieb abgießen, kalt abschrecken und abtropfen lassen.

2. Für die Sauce Smoothie, Currypaste und Zitronensaft verrühren, mit Salz würzen. Die Paprika längs halbieren, entkernen, waschen und in mundgerechte Stücke schneiden. Den Tofu würfeln. Die Frühlingszwiebeln putzen, waschen und in Ringe schneiden.

3. Das Öl in einer Pfanne erhitzen und die Paprikastücke darin anbraten. Tofu, Brokkoli, Möhren und Cashewkerne dazugeben und 5 – 7 Minuten weiterbraten, dabei immer wieder wenden. Die Frühlingszwiebeln kurz mitbraten, dann die Sauce angießen und noch 1 Minute köcheln lassen.

4. Mit Salz und Pfeffer würzen und auf zwei tiefe Teller verteilen. Je 1 EL Joghurt daraufgeben, mit den Granatapfelkernen und Kokoschips bestreuen.

Zubereitung: 25 Min.

Superfoods

Einfach

STATT TOFU

Ihr könnt euch auch ein Hähnchenbrustfilet oder Putenschnitzel dazu in eine zweite Pfanne hauen. Oft röste ich die Kokoschips zusätzlich an oder ersetze sie durch Bananenchips.

DINKELSPÄTZLE MIT SCHWEINEFILET

FÜR 2 PERSONEN

140 g Dinkelvollkornmehl

4 Eier (Größe M)

Salz

2 EL Mineralwasser
(mit Kohlensäure)

200 g Baby-Spinat

100 g Egerlinge

300 g Schweinefilet (Mittelstück)

1 Knoblauchzehe

1 TL Öl

50 ml Bio-Gemüsebrühe

2 TL Butter

3 cl Sherry (medium)

2 EL Schmand

½ EL Aceto balsamico

Pfeffer aus der Mühle

Pro Person: ca. 875 kcal,
55 g EW, 47 g F, 49 g KH

1. Mehl, Eier und 1 Prise Salz in einer Schüssel verrühren. Dann das Mineralwasser unterschlagen, bis der Teig Blasen wirft. Den Teig 10 Minuten quellen lassen.

2. Den Spinat waschen und trocken schleudern, die groben Stiele entfernen. Die Pilze putzen und in Scheiben schneiden. Das Fleisch in etwa 1 ½ cm dicke Scheiben schneiden. Den Knoblauch schälen und in feine Würfel schneiden.

3. In einem weiten Topf Salzwasser zum Kochen bringen, dann nur noch leicht sieden lassen. Den Teig noch einmal schlagen, dann durch die Spätzlepresse in das Wasser drücken und die Spätzle 2–3 Minuten ziehen lassen, bis sie an der Oberfläche schwimmen. Noch einmal aufkochen, die Spätzle mit dem Schaumlöffel aus dem Wasser heben und abtropfen lassen.

4. Das Öl in einer beschichteten Pfanne erhitzen. Fleisch und Pilze darin etwa 4 Minuten anbraten, bis alles leicht gebräunt ist, dabei nach 2 Minuten die Hälfte des Knoblauchs dazugeben. Inzwischen den Spinat mit der Brühe, 1 TL Butter und dem restlichen Knoblauch in einem Topf zusammenfallen lassen. Das Fleisch mit dem Sherry ablöschen, den Schmand und den Essig dazugeben und noch kurz köcheln lassen, bis das Fleisch gar ist. Fleisch und Spinat mit Salz und Pfeffer abschmecken.

5. Die restliche Butter in einer beschichteten Pfanne erhitzen und die Spätzle darin kurz schwenken. Den Spinat abtropfen lassen. Die Spätzle mit Fleisch, Pilzen und Spinat auf Tellern anrichten.

Zubereitung: 40 Min.

Wie bei Muttern

Mittel

TÜRKISCHE LOW-CARB-PIZZA

FÜR 2 PERSONEN

400 g Blumenkohl | 50 g Möhre

100 g geriebener Gouda

1 Ei (Größe M)

4 EL Dinkel-Vollkornmehl

Salz | 2 TL Öl

1 Zwiebel | 1 Knoblauchzehe

125 g Rinderhackfleisch

2 EL Tomatenmark

½ TL gemahlener Kreuzkümmel

1 TL getrocknete Minze

(z. B. aus einem Teebeutel)

125 ml Bio-Gemüsebrühe

Pfeffer aus der Mühle

150 g Salatgurke

125 g Kirschtomaten

2 Stiele Petersilie

125 g Zaziki (Fertigprodukt)

50 g eingelegte schwarze Oliven

Pro Person: ca. 665 kcal,
41 g EW, 40 g F, 28 g KH

1. Den Backofen auf 170 °C Umluft vorheizen. Den Blumenkohl in kleine Röschen teilen, die Möhre schälen und klein schneiden. Beides portionsweise im Blitzhacker fein mahlen. Dann in ein sauberes Küchentuch wickeln und kräftig ausdrücken. Gouda mit Blumenkohl-Möhren-Mix, Ei und Mehl mischen, mit Salz würzen und fein pürieren.

2. Ein Backblech mit Backpapier belegen und dünn mit Öl bestreichen. Den Teig nebeneinander in 2 Portionen auf das Backpapier geben und mit den Händen und einer Palette zu sehr dünnen Fladen formen (à ca. 30 x 20 cm). Im Ofen auf der mittleren Schiene 30 Minuten backen.

3. Die Zwiebel und den Knoblauch schälen und in feine Würfel schneiden. Das Hackfleisch in einer beschichteten Pfanne ohne Fett krümelig braten. Die Zwiebel mitbraten, dann den Knoblauch dazugeben und kurz mitbraten. Das Tomatenmark dazugeben und anrösten, dann Kreuzkümmel, Minze und Brühe hinzufügen und alles zugedeckt 4 Minuten köcheln lassen. Die Sauce mit Salz und Pfeffer abschmecken.

4. Die Backofentemperatur auf 200 °C erhöhen und den Pizzaboden weiterbacken, bis er leicht gebräunt ist. Mit der Sauce bestreichen und 5 – 7 Minuten fertig backen. Inzwischen die Gurke waschen und in Würfel schneiden. Tomaten waschen und vierteln. Petersilie waschen und trocken tupfen, die Blätter abzupfen und grob hacken.

5. Pizzen herausnehmen und mit dem Zaziki beträufeln. Dann Gurkenwürfel, Tomaten, Oliven und Petersilie darauf verteilen.

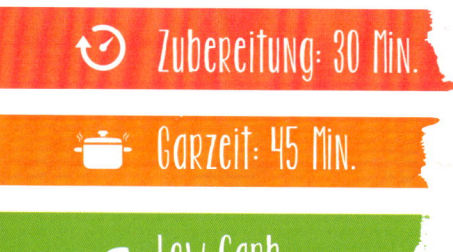

Zubereitung: 30 Min.

Garzeit: 45 Min.

Low Carb

DER HAMMER!
Blumenkohlteig ist genial, Leute! Einen ähnlichen Pizzateig habe ich gemacht, um veganes Essen zu testen. Ich war erst skeptisch, dann aber echt begeistert, das könnt ihr mir glauben.

WAS TUN BEI HEISSHUNGER-ATTACKEN?

Die Situation kennen wir alle: Schon bald nach dem letzten Essen plagt uns ein unbestimmtes Gefühl von Leere im Magen und das Verlangen nach Süßem, Salzigem oder Fettigem. Früher hatte ich das jeden Abend auf dem Sofa vor dem Fernseher. Fakt ist für mich heute: Das war natürlich kein wirklicher Hunger oder der Ruf meines Körpers nach fehlenden Nährstoffen, sondern in erster Linie eine Frage der Gewöhnung sowie die Tatsache, dass ich mich bei der letzten Mahlzeit falsch ernährt hatte. Es kann natürlich auch immer Langeweile sein, die uns ein Hungergefühl vorgaukelt. Das ist so ähnlich, wie wenn Kai-Uwe, der schon eine Weile unbeachtet geblieben ist, mit einem Stöckchen oder Spielzeug angetrottet kommt, damit endlich wieder jemand mit ihm spielt. Ist es bei mir selbst wieder einmal so weit, dass mich der Heißhunger plagt, verfolge ich inzwischen meist folgende Taktik:

Ich versuche, das Gefühl zu ignorieren.

Während ich früher beim Fernsehen in den Werbepausen aufgestanden bin und mir eine Tafel Schokolade oder eine Tüte Lakritz geholt habe, mache ich jetzt ganz einfach NIX! Ihr müsst lernen, auch mal stark zu bleiben. Klappt nicht immer, aber immer öfter, wenn sich erste Erfolgserlebnisse einstellen. Hilft das Ignorieren nicht, versuche ich es mit dem nächsten Trick.

Ich horche in mich hinein, ob mich wirklich Hunger plagt.

Denn oft verwechseln wir das Gefühl von Durst mit Hunger. Ach, das Leben könnte so einfach sein... Egal, ob ich feststelle, dass es tatsächlich der Durst ist oder vielleicht doch der Appetit der Quälgeist ist, mache ich mit folgendem Versuch weiter.

Ich trinke ein großes Glas Wasser.

Wenn ich trotz Reinhorchens zu keinem oder dem für mich falschen Ergebnis gekommen bin, glaube ich erst einmal an den Durst und versuche ihn zu stillen. Das funktioniert eigentlich immer. Übrigens senkt ein Glas Wasser mit einem Spritzer Zitronensaft das Bedürfnis, während des Kochens zu naschen. Das ist in der Küche ja immer sehr verlockend.

Ich lenke mich mit Beschäftigung ab.

Ich tausche die Beschäftigung, während der mein Hungergefühl entstanden ist, durch eine andere, vielleicht spannendere ein. So vergesse ich für eine Weile den aufgekommenen Appetit oder er verschwindet von selbst aus meinem Bewusstsein, weil ich (vorübergehend) abgelenkt bin.

Ich gönne mir einen gesunden Snack.

Und wenn weder Wasser noch Ablenkung mehr helfen will, kaue ich in aller Ruhe und schön langsam eine Scheibe Pumpernickel. Vollkorn und langsame Carbs machen ganz sicher bis zur nächsten Mahlzeit satt.

Okay, dann eben beim nächsten Mal ...

Sollte der Heißhunger mich letztendlich doch in die Knie gezwungen und zu etwas Unvernünftigem verleitet haben, ärgere ich mich natürlich, versuche aber auch, das schnell abzuhaken und mich wieder auf meinen Willen zu konzentrieren, bei der nächsten Heißhunger-Attacke stark zu bleiben und sie wirklich mithilfe von einem der zuvor aufgeführten Punkte zu bekämpfen.

OFEN-FORELLE MIT GEMÜSE

Fisch ist immer Granate! Und in diesem Rezept macht er sich auch noch fast von selbst. Ist euch schon aufgefallen, dass er, abgesehen von Bärlauchpesto und Kräuterbutter, mit wenig Fett auskommt? Unbedingt testen!

FÜR 2 PERSONEN

250 g festkochende Kartoffeln
1 Fenchelknolle
½ Stange Lauch
1 Bio-Zitrone
2 TK-Regenbogen-Forellen
(à 250 g; aufgetaut)
Salz | Pfeffer aus der Mühle
1 EL Kapern
75 ml Bio-Gemüsebrühe
2 EL Kräuterbutter
1 EL Bärlauchpesto
1 EL Zitronensaft

Pro Person: ca. 355 kcal,
30 g EW, 16 g F, 20 g KH

1. Den Backofen auf 220 °C vorheizen. Die Kartoffeln schälen, waschen und in Scheiben schneiden. Den Fenchel putzen, waschen und der Länge nach in dünne Scheiben schneiden. Den Lauch putzen, in Ringe schneiden, waschen und abtropfen lassen. Die Zitrone heiß waschen und mit einem Küchentuch trocken reiben, dann in Scheiben schneiden.

2. Die Forellen unter fließendem kaltem Wasser waschen und trocken tupfen, innen und außen salzen und pfeffern. Kartoffel- und Zitronenscheiben in eine große Auflaufform legen, die Forellen daraufgeben und die Haut mit einem scharfen Messer mehrfach quer einritzen. Fenchel, Lauch und Kapern rundherum verteilen. Mit der Brühe beträufeln.

3. Die Kräuterbutter bei schwacher Hitze zerlassen und mit Bärlauchpesto und Zitronensaft verrühren, salzen und pfeffern. Die Hälfte der Mischung in den Bauchraum der Forellen geben, mit dem Rest die Haut bestreichen. Die Forellen im heißen Ofen auf der mittleren Schiene 25–30 Minuten garen. Eventuell noch kurz den Grill dazuschalten und alles leicht bräunen. Dann aus dem Ofen nehmen, auf zwei Teller verteilen und servieren.

Zubereitung: 50 Min.

Garzeit: 30 Min.

Eiweiß-Kick

OFEN-KABELJAU IM PÄCKCHEN

Fischgerichte sind immer spannend, selbst wenn der Koch zuvor sauber filetiert und die Filets nach Gräten abgesucht hat. Seht das einfach als Erlebnis-Essen an und kaut gründlich, anstatt zu schlingen – dann kann euch keine Gräte was anhaben.

FÜR 2 PERSONEN

200 g Aubergine
250 g grüner Spargel
1 gelbe Paprikaschote
250 g Cocktailtomaten
1½ EL Olivenöl
2 Knoblauchzehen
100 ml Bio-Gemüsebrühe
2 EL Zitronensaft
Salz | Pfeffer aus der Mühle
Honig
4 Stücke TK-Kabeljaufilet (à 100 g)
2 EL gehackte Kräuter (gemischt, z. B. Petersilie, Kerbel, Dill)

Pro Person: ca. 320 kcal, 40 g EW, 10 g F, 13 g KH

1. Den Backofen samt Blech (auf der mittleren Schiene) auf 200 °C vorheizen. Die Aubergine waschen, längs vierteln und in Scheiben schneiden. Den Spargel putzen und waschen, im unteren Drittel schälen und in mundgerechte Stücke schneiden. Die Paprika längs halbieren, entkernen, waschen und in Würfel schneiden. Die Tomaten waschen.

2. In einer Pfanne 1 EL Olivenöl erhitzen, die Aubergine darin 6–7 Minuten anbraten. Spargel, Paprika und Tomaten 4 Minuten mitbraten. Knoblauch schälen und dazupressen. Brühe und Zitronensaft dazugeben, die Flüssigkeit einkochen lassen. Das Gemüse mit Salz, Pfeffer und etwas Honig abschmecken.

3. Das Gemüse auf zwei Streifen Backpapier verteilen, je 2 Stücke Kabeljau darauflegen. Salzen, pfeffern, mit dem restlichen Öl beträufeln und mit je 1 EL Kräuter bestreuen. Das Papier der Länge nach über der Füllung zusammenfalten, die äußeren Enden zusammendrehen. Die Päckchen auf das heiße Blech legen und im heißen Ofen 30 Minuten garen. Dann auf zwei Teller legen und erst bei Tisch öffnen.

 Zubereitung: 20 Min.

 Garzeit: 30 Min.

 Low Carb

ÜBERRASCHUNG!

Beim Garen im Päckchen kommt man fast ohne Fett aus und das zarte Fischfleisch gart im Dampf des eigenen Safts. Das macht den Fisch mega-aromatisch, ohne dass er austrocknet.

LACHS ALLA PUTTANESCA

Kennt ihr jemanden, der schon als Kind Kapern mochte? Ich mochte jedenfalls keine. Inzwischen sind ein paar Jährchen vergangen, ich habe meinen kulinarischen Horizont erweitert und stehe jetzt vollkommen sowohl auf Kapern als auch auf Kapernäpfel.

FÜR 2 PERSONEN

500 g Cocktailtomaten

2 EL Olivenöl

3 Knoblauchzehen

1 rote Peperoni

80 g schwarze Oliven (ohne Stein)

1 EL Kapern

2 EL Zitronensaft

Salz | Pfeffer aus der Mühle

Honig

4 Stücke Lachsfilet (à 100 g)

2 Stiele Petersilie

Pro Person: ca. 420 kcal,
47 g EW, 19 g F, 10 g KH

1. Die Tomaten waschen und vierteln. Das Olivenöl in einer großen Pfanne erhitzen, die Tomaten darin 5 Minuten andünsten, dabei ab und zu umrühren.

2. Inzwischen den Knoblauch schälen und in Scheiben schneiden. Peperoni waschen und in Ringe schneiden. Beides zu den Tomaten geben und 3 Minuten mitdünsten. Dann 100 ml Wasser angießen, Oliven und Kapern dazugeben und zugedeckt weitere 5 Minuten dünsten.

3. Den Zitronensaft und weitere 50 ml Wasser dazugeben, mit Salz, Pfeffer und etwas Honig würzen und die Lachsfiletstücke in die Sauce legen. Zugedeckt 2 Minuten dünsten, dann wenden und zugedeckt weitere 4 Minuten dünsten.

4. Inzwischen die Petersilie waschen und trocken tupfen, die Blätter abzupfen und grob hacken. Die Petersilie über den Lachs streuen. Die Pfanne vom Herd nehmen und den Lachs zugedeckt noch 4–5 Minuten gar ziehen lassen. Dann mit der Sauce auf zwei Tellern anrichten und servieren. Dazu passt ein grüner Salat.

TIPP: Die Mehrzahl der bei uns verkauften Lachse stammt aus norwegischen Zuchtfarmen. Viele Zuchtfarmen haben in den letzten Jahren ihre Tierschutzstandards erhöht. Dennoch lohnt es gerade auch bei Tiefkühlfisch, auf die Herkunft der Produkte zu achten.

Zubereitung: 25 Min.

Gesunde Fette

Einfach

SALTIMBOCCA AUF PAPRIKAGEMÜSE

FÜR 2 PERSONEN

2 Stücke Hähnchenbrustfilet (à 200 g)
Salz | Pfeffer aus der Mühle
3 Stiele Salbei
8 Scheiben magerer, luft-
getrockneter Schinken (100 g)
je 1 rote und gelbe Paprikaschote
½ rote Zwiebel
1 EL Öl
1 Knoblauchzehe
100 ml Gemüsebrühe
1 EL Balsamico bianco
gemahlener Kreuzkümmel

Pro Person: ca. 715 kcal,
67 g EW, 19 g F, 60 g KH

1. Die Hähnchenbruststücke waagerecht halbieren, salzen und pfeffern. Den Salbei waschen und trocken tupfen, die Blätter abzupfen. Jeweils 2 Scheiben Schinken der Länge nach etwas überlappend auf der Arbeitsfläche auslegen. Im gleichmäßigen Abstand je 4 Salbeiblätter darauflegen. Mittig die Hähnchenstücke darauflegen, den Schinken von beiden Seiten über das Fleisch klappen.

2. Den Backofen auf 140 °C vorheizen. Paprikaschoten längs halbieren, entkernen, waschen und in Rauten schneiden. Die Zwiebel schälen und in Spalten schneiden.

3. Das Öl in einer beschichteten Pfanne erhitzen. Die Knoblauchzehe andrücken. Die Saltimbocca mit dem Knoblauch 2 Minuten anbraten, wenden und weitere 2 Minuten braten. Auf einen ofenfesten Teller geben und im heißen Ofen auf der mittleren Schiene 8–10 Minuten garen.

4. Die Paprikarauten und Zwiebelspalten in der Pfanne bei mittlerer Hitze 5 Minuten anbraten. Restlichen Salbei, Brühe, Essig und 1 Prise Kreuzkümmel in die Pfanne geben und die Flüssigkeit fast vollständig verkochen lassen. Dann noch zugedeckt 3–4 Minuten dünsten. Das Gemüse mit Salz und Pfeffer abschmecken.

5. Saltimbocca aus dem Ofen nehmen und mit dem Paprikagemüse auf zwei Tellern anrichten. Die perfekte Beilage dazu ist Süßkartoffelstampf. Das Rezept dafür steht im Tipp rechts.

Zubereitung: 45 Min.

Zum Sattessen

Mittel

SÜSSKARTOFFELSTAMPF

300 g geschälte Süßkartoffeln, 150 g Möhren und 1 Knoblauchzehe in Salzwasser weich garen. Abgießen, 30 ml Milch und 1/2 EL Zitronensaft dazugeben und fein stampfen. Mit Salz, Pfeffer und Kreuzkümmel würzen.

MEATBALLS MIT TERIYAKI-GEMÜSE

FÜR 2 PERSONEN

3 Frühlingszwiebeln
2 Knoblauchzehen
250 g gemischtes Hackfleisch
4 EL Teriyakisauce
Salz | Pfeffer aus der Mühle
250 g Brokkoli
1 rote Paprikaschote
200 g Zucchini
125 g Shiitakepilze
10 g Ingwer
1 EL Öl
50 g Cashewkerne
175 ml Gemüsebrühe
1 EL geröstetes Sesamöl
1 EL Zitronensaft
2 TL Speisestärke

Pro Person: ca. 690 kcal,
40 g EW, 44 g F, 31 g KH

1. Die Frühlingszwiebeln putzen, waschen und in Ringe schneiden. Den Knoblauch schälen und in feine Würfel schneiden. Das Hackfleisch mit der Hälfte der Frühlingszwiebeln, der Hälfte des Knoblauchs und 2 EL Teriyakisauce mischen, mit Salz und Pfeffer würzen und daraus 10 kleine Hackbällchen formen.

2. Brokkoli waschen, in Röschen teilen und diese in Scheiben schneiden. Paprika längs halbieren, entkernen, waschen und in schmale Streifen schneiden. Zucchini waschen, der Länge nach vierteln und in dicke Scheiben schneiden. Pilze putzen, entstielen und halbieren. Ingwer schälen und in feine Würfel schneiden.

3. Die Hälfte des Öls in einer beschichteten Pfanne erhitzen, die Hackbällchen darin bei nicht zu starker Hitze rundum anbraten und wieder herausnehmen. Die Pfanne säubern. Restliches Öl in der Pfanne erhitzen. Das vorbereitete Gemüse (abgesehen von den Frühlingszwiebeln), Pilze, übrigen Knoblauch, Ingwer und Cashewkerne darin 2–3 Minuten andünsten. Dann 100 ml Brühe angießen und alles zugedeckt 4 Minuten weiterdünsten.

4. Inzwischen für die Würzsauce die übrige Teriyakisauce mit übriger Brühe, Sesamöl, Zitronensaft und Stärke glatt rühren, mit Salz und Pfeffer würzen. Die Würzsauce mit den Hackbällchen in die Pfanne geben und alles zugedeckt erneut 2–3 Minuten dünsten, bis das Gemüse noch leicht knackig ist und die Hackbällchen gar sind. Gemüse und Hackbällchen auf zwei Teller verteilen und mit den restlichen Frühlingszwiebeln bestreuen.

Zubereitung: 25 Min.

Superfoods

Einfach

HACKBRATEN MIT KOHLRABI

Wer kennt den falschen Hasen nicht aus seiner Kindheit? Die damals obligatorischen Kartoffeln als Sättigungsbeilage ersetzen wir durch kalorienarmen Kohlrabi. Nur die Stäbchenform erinnert an die frittierte Kartoffelsünde.

FÜR 2 PERSONEN

2 Eier (Größe M)
1 Zwiebel
400 g mageres gemischtes Hackfleisch
2 EL italienische TK-Kräuter
1 EL Ajvar
2 TL mittelscharfer Senf
Salz | Pfeffer aus der Mühle
100 ml Bio-Gemüsebrühe
400 g Kohlrabi
2 Stiele Petersilie
1 EL Butter
½ EL Zitronensaft
frisch geriebene Muskatnuss

Pro Person: ca. 425 kcal,
55 g FW, 17 g F, 11 g KH

 Zubereitung: 50 Min.

 Low Carb

 Einfach

1. Den Backofen auf 190 °C vorheizen. Die Eier in einem Topf knapp mit Wasser bedecken und etwa 6 Minuten wachsweich kochen. Inzwischen die Zwiebel schälen und in feine Würfel schneiden. Das Hackfleisch mit den Zwiebelwürfeln, Kräutern, Ajvar und Senf mischen, mit Salz und Pfeffer würzen. Den Topf vom Herd nehmen, die Eier in kaltem Wasser abschrecken.

2. Die Eier pellen. Das Hackfleisch in 2 Portionen teilen, zu Kugeln formen und flach drücken. Die Eier jeweils in die Mitte legen, das Hackfleisch vorsichtig um die Eier verschließen und zu kleinen Braten formen. Die Braten in eine kleine Auflaufform legen, die Brühe angießen. Im heißen Ofen auf der mittleren Schiene 30 Minuten garen.

3. Den Kohlrabi schälen und in Stifte schneiden. In einem Topf mit Dämpfeinsatz über kochendem Wasser etwa 6 Minuten bissfest dämpfen. Inzwischen die Petersilie waschen und trocken tupfen, die Blätter abzupfen und fein hacken. Den Dämpfeinsatz aus dem Topf heben und das Wasser abgießen. Butter und Zitronensaft im Topf erhitzen, den Kohlrabi und die Petersilie darin schwenken. Mit Salz, Pfeffer und Muskatnuss abschmecken.

4. Die Auflaufform aus dem Ofen nehmen. Hackbraten und Kohlrabi auf Tellern anrichten und servieren. Nach Belieben noch Kartoffelstampf oder Süßkartoffelstampf (Seite 109) dazu servieren.

TYPISCH DEUTSCH

Der Kohlrabi, die Mischung aus Kohl und Rübe, gilt als typisch deutsches Gemüse. Wenn ihr ihn einige Tage kühl aufbewahren wollt, dreht vorher die Blätter ab: So bleibt er länger frisch und knackig.

SÜSSES FINALE
DREI LIEBLINGSREZEPTE
AUF EINEN STREICH

Viele Menschen meinen, auf die Figur zu achten, heißt,
nichts Süßes mehr zu essen. Das ist totaler Quatsch!
Mit diesen Rezepten dürft ihr weiterhin Zuckerschnuten bleiben,
ohne dabei euer Ziel aus den Augen zu verlieren.

VANILLEQUARK MIT SCHOKI

Je höher der Kakaogehalt, umso weniger Zucker: Das ist die Zauberformel bei Schokolade, auf die ich nur ungern verzichte. Die Süße in diesem Dessert stammt daher größtenteils aus dem Vanillequark, der mit dem natürlichen Zuckeraustauschstoff Xylit und ein wenig Honig getunt wird.

250 g Magerquark mit **50 ml Milch,**
1 TL gemahlener Bourbon-Vanille und
2 TL Xylit glatt rühren. Mit **Honig** abschmecken. **125 g Himbeeren** waschen und abtropfen lassen. **1 Riegel dunkle Schokolade** (80 % Kakaoanteil) grob hacken. Den Quark auf zwei Schälchen verteilen, **je 1 EL Walnusskerne** und **Mandeln (mit Haut)** sowie Schokolade und Himbeeren darüberstreuen und servieren.

Zubereitungszeit: 5 Min.
Pro Person: ca. 220 kcal,
16 g EW, 10 g F, 16 g KH

MANDEL-BANANEN-EIS

Seit ich dieses praktische Eis entdeckt habe, liegen bei mir immer Bananen im Tiefkühlfach: Statt Milchprodukten wie Sahne oder Schmand sorgen hier die Bananen – in Kombination mit Mandelmus und Ei – für ein supercremiges Eis.

2 Bananen schälen und in dünne Scheiben schneiden (ca. 200 g Fruchtfleisch). Die Bananenscheiben auf einen Streifen Frischhaltefolie legen, mit einem weiteren Streifen zudecken und im Tiefkühlfach mindestens 2 Stunden gefrieren lassen. **100 g Mandelmus**, **2 Tropfen Bittermandelaroma**, **2 TL Xylit**, **1 TL Kakaopulver** und **1 Ei (Größe M)** mit etwas **gemahlener Bourbon-Vanille** in den Blitzhacker geben. Die gefrorenen Bananenscheiben hinzufügen und alles zu einem cremigen Eis pürieren, dann noch 10 Minuten tiefkühlen. **2 EL gehobelte Mandeln** in einer beschichteten Pfanne hellbraun anrösten und herausnehmen. Das Eis auf zwei Schälchen verteilen und die Mandeln darüberstreuen.

Zubereitungszeit: 2 Std. 15 Min.
Pro Person: ca. 510 kcal,
18 g EW, 35 g F, 28 g KH

QUARKOMELETT

Im Herbst und Winter brauche ich gelegentlich etwas Warmes für die Seele. Ein perfekter Stimmungsbooster ist dann dieses einfache, aber genial leckere Omelett, das wie echtes Soulfood daherkommt, aber echt Low Carb ist.

2 Eier (Größe L) trennen und die Eiweiße mit **1 Prise Salz** steif schlagen. Eigelbe in einer Schüssel mit **140 g Magerquark**, **100 ml Milch**, **4 TL Dinkel-Vollkornmehl**, **4 TL Honig**, **1 TL gemahlener Bourbon-Vanille** und **1 Msp. Zimt** verrühren. Den Eischnee unterheben. **1 TL Öl** in einer beschichteten Pfanne (22 cm Ø) erhitzen. Den Teig darin verteilen und bei mittlerer Hitze 4 – 5 Minuten goldbraun braten. Vorsichtig wenden und die zweite Seite ebenfalls goldbraun braten, dafür eventuell noch **1 TL Öl** dazugeben. Das Omelett mit **100 g ungesüßtem Apfelmus** servieren. Nach Belieben mit Nüssen bestreuen und mit Puderzucker bestäuben.

Zubereitungszeit: 20 Min.
Pro Person: ca. 295 kcal,
18 g EW, 13 g F, 25 g KH

GRILLEN

Figurbewusstes Grillen ist kinderleicht, Leute! Die Zeiten,
in denen man ausschließlich herkunftslose Grillwürste und
fetten Bauchspeck auf den Grill warf, sind ja Gott sei Dank schon
länger vorbei. In der neuen Outdoorküche meines Hauses werden
hauptsächlich mageres Geflügel oder proteinreicher Fisch gegrillt.
Dazu brauche ich nicht viel Schnickschnack. Die fettige Mayo
aus dem Glas ersetze ich durch Mojo mit Magerquark, die ballert
euch geschmacklich viel besser weg, ihr werdet schon sehen.

ALOHA-BURGER MIT ANANAS

Manchmal muss es für uns Männer eben eine Scheibe Bacon sein. Das ist so, und das muss auch so bleiben dürfen. Und wundert euch nicht: Auch ohne Brötchen schmeckt dieser Burger einfach megagut!

FÜR 2 PERSONEN

300 g mageres Rinderhackfleisch
Salz | Pfeffer aus der Mühle
½ Rezept Currywurstsauce oder
Erbsen-Guacamole (Seite 128/129)
2 Frühlingszwiebeln
1 EL Balsamico bianco
Cayennepfeffer
4 Mini-Romanasalatblätter
½ Ananas
4 Scheiben Bacon
2 TL Öl

Pro Person: ca. 665 kcal,
39 g EW, 41 g F, 25 g KH

1. Für die Patties das Fleisch leicht mit Salz und Pfeffer würzen und durchkneten. Dann mit der Burgerpresse oder mit angefeuchteten Händen zu flachen Patties pressen bzw. formen. Je nach Wunsch Currywurstsauce oder Erbsen-Guacamole zubereiten.

2. Die Frühlingszwiebeln putzen, waschen und in Ringe schneiden. Dann mit dem Essig verrühren, mit Salz, Pfeffer und Cayennepfeffer würzen. Salatblätter waschen und trocken tupfen. Die Ananas schälen, dabei auch die dunklen Stellen entfernen. In 4 Scheiben schneiden, dabei den harten Strunk herausschneiden.

3. Auf dem heißen Grill die Patties und den Bacon von beiden Seiten je etwa 4 Minuten grillen, bis die Patties knapp gar und im Kern noch rosa sind und der Speck knusprig ist. Ananas mit Öl bepinseln und von beiden Seiten je 3 Minuten grillen, bis die Scheiben leicht gebräunt sind.

4. Auf zwei Teller je 1 Scheibe Ananas legen, jeweils 1 EL Sauce daraufgeben und nacheinander mit Salat, Bacon und den Patties belegen. Je 2 EL Sauce darüberträufeln. Die Frühlingszwiebeln daraufgeben und jeweils die zweite Ananasscheibe darauflegen. Sofort servieren.

Zubereitung: 35 Min.

Eiweiß satt

Einfach

ECHTER BURGER

Wem Obst zur Bulette nicht so behagt,
ersetzt die Ananas durch ein aus Vollkornmehl
gebackenes Dinkelbrötchen oder durch
zwei dünne Scheiben Dinkelbrot.

AUSTERNPILZE VOM GRILL

Wusstet ihr, dass auch Pilze unserem Körper wertvolles Eiweiß liefern? Zusätzlich sind sie reich an verdauungsfördernden Ballaststoffen. Ein regelmäßiger Genuss von Austernpilzen kann helfen, den Blutfettspiegel wieder in die Reihe zu bringen.

FÜR 2 PERSONEN

2 Zweige Thymian

1 Zweig Rosmarin

1 Knoblauchzehe

2 EL Sojasauce

1 EL Aceto balsamico

1 TL Honig

2 EL Olivenöl

Salz | Pfeffer aus der Mühle

250 g große Austernpilze

200 g Zucchini

 Pro Person: ca. 175 kcal, 8 g EW, 11 g F, 9 g KH

1. Für die Marinade den Thymian und Rosmarin waschen und trocken tupfen, die Blättchen bzw. Nadeln abzupfen und fein hacken. Den Knoblauch schälen und durchpressen. Sojasauce, Essig, Honig, Olivenöl, Kräuter und Knoblauch verrühren. Mit Salz und Pfeffer würzen.

2. Die Austernpilze und die Zucchini putzen, waschen und in Scheiben schneiden. Beides mit der Marinade bestreichen und 10 Minuten ziehen lassen.

3. Die Pilze und Zucchinischeiben auf dem heißen Grill auf beiden Seiten je nach Hitze 2–4 Minuten grillen, bis sie leicht gebräunt und gar sind. Vom Grill nehmen, mit Salz und Pfeffer würzen und servieren.

Zubereitung: 25 Min.

Marinieren: 10 Min.

Einfach

FETA-PÄCKCHEN MIT SPINAT

So geht's beim Grillen zack, zack: Spinat ins Päckchen, Feta drauf, Päckchen auf den Grill, fertig! Damit's nicht zu fettig wird, reichen ein paar dünn geschnittene Olivenscheiben. Die sorgen zusammen mit Chili und Kräutern für den nötigen Wumms.

FÜR 2 PERSONEN

2 Handvoll Baby-Spinat
1 Schalotte
1 Knoblauchzehe
2 eingelegte Peperoni
4 schwarze Oliven (ohne Stein)
½ Bio-Zitrone
200 g Feta
4 TL Olivenöl
1 TL Honig
1 TL getrocknete Kräuter der Provence

Pro Person: ca. 415 kcal,
18 g EW, 35 g F, 4 g KH

1. Den Spinat waschen und trocken schleudern, grobe Stiele entfernen. Die Schalotte und den Knoblauch schälen und in feine Würfel schneiden. Die Peperoni und die Oliven in Ringe schneiden. Die Zitrone heiß waschen, trocken reiben und in Scheiben schneiden.

2. Den Feta quer halbieren. Zwei Streifen Alufolie mit je 1 TL Olivenöl bestreichen und mit dem Spinat belegen. Den Feta darauflegen und mit dem Honig beträufeln. Dann mit Kräutern, Schalotten- und Knoblauchwürfeln sowie Peperoni- und Olivenringen bestreuen. Mit dem übrigen Olivenöl beträufeln und die Zitronenscheiben darauflegen. Die Alufolie gut verschließen.

3. Die Päckchen auf dem heißen Grill etwa 10 Minuten garen. Dann auf zwei Teller verteilen, bei Tisch öffnen und genießen.

Zubereitung: 25 Min.

No Carb

Einfach

GARNELENSPIESSE MIT ERDNUSS-DIP

Erdnussmus, Ajvar und die Kombi aus Garnelen und Gemüse – hier gibt's geschmacklich auch ohne viele Kalorien eins auf die Zwölf. Okay, das eine oder andere Spießchen braucht ihr schon, um satt zu werden, aber der Lecker-Faktor ist dafür echt groß.

FÜR 2 PERSONEN

je 1 gelbe und rote Paprikaschote
250 g Zucchini
24 TK-King-Prawns (geschält und gegart; ca. 200 g)
3–3 ½ EL Limettensaft
2 TL Ingwerpulver
1 EL Öl
1 Knoblauchzehe
60 g Erdnussmus
1 EL Ajvar
1 EL Sojasauce
2–3 TL Xylit
Salz | Pfeffer aus der Mühle

Pro Person: ca. 365 kcal,
26 g EW, 19 g F, 18 g KH

1. Die Paprikaschoten längs halbieren, entkernen und waschen. Die Hälften jeweils in 3 Streifen schneiden und diese quer vierteln. Zucchini waschen, längs halbieren und in 24 dicke Scheiben schneiden. Das Gemüse in einem Topf mit Dämpfeinsatz über kochendem Wasser 2 Minuten bissfest dämpfen. Dann kalt abschrecken und abtropfen lassen.

2. Paprika, Zucchinischeiben und Prawns abwechselnd auf 8 Holzspieße (à ca. 20 cm Länge) stecken. Für die Marinade 2 EL Limettensaft, 1 TL Ingwerpulver und das Öl verrühren. Knoblauch schälen und dazupressen. Die Spieße mit der Marinade bestreichen.

3. Für den Dip Erdnussmus, Ajvar, Sojasauce, 1 EL Limettensaft und das restliche Ingwerpulver mit 2 TL Xylit, 1 Prise Salz und 100 ml Wasser aufkochen und zugedeckt 1 Minute kochen lassen. Mit Salz, Pfeffer, Xylit und Limettensaft abschmecken, eventuell noch etwas verdünnen und auf zwei Schälchen verteilen.

4. Die Spieße auf dem heißen Grill auf beiden Seiten je etwa 2 Minuten grillen, bis sie rundherum leicht gebräunt sind. Mit Salz und Pfeffer würzen. Die Spieße auf Teller verteilen und mit dem Dip servieren.

Zubereitung: 30 Min.

Asia-fit

Einfach

SCHNÖRKELLOS
Grobmotoriker oder Griller ohne Handarbeits-
ambitionen braten das Ganze einfach ohne Holzspieße in der Grillpfanne.

LACHSSTEAKS MIT DILL-GREMOLATA

Patatas bravas mit Salzkruste sind unfassbar lecker und kalorisch okay, wenn man sich mengenmäßig etwas am Riemen reißt. Mein Lieblingsspanier „Taberna Paco" in Moers macht sie grandios: Sorry, dass ich euch das Rezept mopsen musste…

FÜR 2 PERSONEN

2 TL gehackter Rosmarin
1 EL Meersalz
400 g junge Kartoffeln
1 Stiel Petersilie
1 Stiel Dill
1 Knoblauchzehe
1 Bio-Zitrone
2 Lachssteaks (à 200 g)
Salz
2 TL Olivenöl
Pfeffer aus der Mühle

Pro Person: ca. 395 kcal,
48 g EW, 10 g F, 26 g KH

1. Für die Runzelkartoffeln den Backofen auf 200 °C vorheizen. Den Rosmarin mit dem Meersalz mischen. Die Kartoffeln gründlich waschen und noch tropfnass mit dem Rosmarinsalz einreiben. Auf einem mit Backpapier belegten Blech im heißen Ofen auf der mittleren Schiene etwa 30 Minuten backen, bis sie weich und runzelig sind.

2. Für die Gremolata die Kräuter waschen und trocken tupfen, die Blätter bzw. Spitzen abzupfen und fein hacken. Den Knoblauch schälen und ebenfalls fein hacken. Die Zitrone heiß waschen und mit einem Küchentuch trocken reiben. Die Schale abreiben und aus einer Hälfte den Saft auspressen. Kräuter und Knoblauch mit der Zitronenschale mischen.

3. Den Lachs waschen, trocken tupfen, mit Zitronensaft beträufeln und salzen. Dann mit dem Olivenöl bestreichen. Auf dem heißen Grill auf beiden Seiten jeweils etwa 4 Minuten grillen, bis der Lachs leicht gebräunt und knapp gar ist. Am Rand der Grillzone salzen und pfeffern, mit der Gremolata bestreuen und bei schwacher Hitze noch 1–2 Minuten ziehen lassen.

4. Die Kartoffeln von überschüssigem Salz befreien, mit dem Lachs auf zwei Teller verteilen und servieren. Dafür den Lachs nach Belieben noch mit zusätzlichem Zitronensaft beträufeln. Als Dip zu den Runzelkartoffeln serviere ich am liebsten Mojo-Quark (Seite 128).

Zubereitung: 45 Min

Gesunde Fette

Einfach

DIP, DIP, HURRA!
DREI LIEBLINGSREZEPTE AUF EINEN STREICH

Grillen ohne Saucen und Dips geht für mich absolut gar nicht. Aber da ich weiß, dass ich mit dieser Meinung nicht alleine auf dem Planeten bin, haue ich hier für euch gerne drei geile Rezepte raus.

MOJO-QUARK

Grüne Mojo von den Kanaren ist eine meiner Lieblingssaucen. Und weil ich für meinen Ernährungsplan immer eine Extraportion Eiweiß benötige, habe ich die Mojo-Zutaten hier einfach mit proteinreichem Magerquark verrührt. Schmeckt genial gut!

Je 30 g Koriandergrün und **Petersilie** waschen und trocken tupfen. Die Blätter abzupfen. **3 Knoblauchzehen** schälen und klein schneiden. Kräuter und Knoblauch im Blitzhacker mit **3 EL Balsamico bianco** fein hacken. Anschließend mit **250 g Magerquark** und **½ TL gemahlenem Kreuzkümmel** verrühren. Mit **Salz**, **Pfeffer**, Balsamico bianco und etwas **Honig** abschmecken.

Zubereitungszeit: 10 Min.
Pro Person: ca. 100 kcal,
14 g EW, 0 g F, 9 g KH

ERBSEN-GUACAMOLE

Guacamole schmeckt genial, enthält mir persönlich aber zu viel Fett, auch wenn das Avocadoöl sehr gesund ist. Daher besteht der Dip bei mir zur Hälfte aus grünen Erbsen, die noch ein paar komplexe Kohlenhydrate und wertvolles Eiweiß mitbringen.

150 g TK-Erbsen in einem Topf mit Wasser bedeckt 6 Minuten garen. **2 Knoblauchzehen** schälen, halbieren und 1 Minute mitgaren. In ein Sieb abgießen, kalt abschrecken und gut abtropfen lassen. **1 Avocado** halbieren, entkernen und das Fruchtfleisch aus der Schale löffeln. **5 Stiele Koriandergrün** waschen, trocken tupfen und samt Stielen grob hacken. Erbsen, Knoblauch, Avocado und Koriander mit **3 EL Limettensaft** und etwas **Salz** und **Pfeffer** im Blitzhacker oder mit dem Stabmixer fein pürieren. **2 Frühlingszwiebeln** putzen, waschen, in feine Ringe schneiden und unterrühren. Die Guacamole mit Salz, Pfeffer, **Cayennepfeffer** und **gemahlenem Kreuzkümmel** abschmecken.

Zubereitungszeit: 15 Min.
Pro Person: ca. 195 kcal,
6 g EW, 20 g F, 11 g KH

CURRYWURSTSAUCE

Mit reichlich Zucker ist Currywurstsauce ein echter Figurkiller. Leicht süßlich soll sie aber auf jeden Fall schmecken. Ich helfe mir deshalb mit Xylit, das zwar süß ist, aber nicht auf die Rippen geht.

Je 1 Zwiebel und **Knoblauchzehe** schälen und in feine Würfel schneiden. In einem Topf Zwiebel und Knoblauch mit **2 TL Xylit** (aus der Apotheke) andünsten. Dann 200 ml Wasser, **70 g Tomatenmark, 2 EL Whiskey, 1 EL Balsamico bianco, 1 EL Sojasauce** und etwas **Rauchsalz** dazugeben, aufkochen und mit schräg aufgelegtem Deckel bei schwacher Hitze 10 Minuten köcheln lassen. **Je ½ TL scharfen Senf** und **Currypulver** unterrühren und die Sauce mit dem Stabmixer fein pürieren. Noch 2 – 3 Minuten weiterköcheln lassen. Mit Rauchsalz, **Pfeffer** und **Cayennepfeffer** abschmecken und am besten zu einer mageren Grillwurst servieren.

Zubereitungszeit: 15 Min.
Pro Person: ca. 65 kcal,
1 g EW, 0 g F, 8 g KH

CHILI-HÄHNCHEN MIT BASILIKUM

FÜR 2 PERSONEN

4 Stiele Basilikum

4 EL Zitronensaft

2 TL Honig

2 EL Olivenöl

2 Knoblauchzehen

1 rote Chilischote

Salz | Pfeffer aus der Mühle

1 Dose Cannellinibohnen
(Abtropfgewicht 240 g)

3 Frühlingszwiebeln

1 orangefarbene Paprikaschote

1 EL Balsamico bianco

4 Stücke Hähnchenbrustfilet (à 100 g)

1 Handvoll Rucola

Pro Person: ca. 420 kcal,
61 g EW, 5 g F, 27 g KH

1. Für die Marinade das Basilikum waschen und trocken tupfen, die Blätter abzupfen und fein hacken. Mit Zitronensaft, Honig und Olivenöl verrühren. Den Knoblauch schälen und dazupressen. Die Chilischote waschen, längs halbieren, entkernen und in feine Würfel schneiden. Ebenfalls mit der Marinade mischen. Leicht salzen und mit Pfeffer würzen.

2. Für den Bohnensalat die Bohnen in ein Sieb abgießen, kalt abspülen und abtropfen lassen. Die Frühlingszwiebeln putzen, waschen und in Ringe schneiden. Die Paprika längs halbieren, entkernen, waschen und in Würfel schneiden. Mit 3 EL Marinade und dem Essig mischen, mit Salz und Pfeffer würzen und beiseitestellen.

3. Das Hähnchenfleisch unter fließendem kaltem Wasser waschen und mit Küchenpapier trocken tupfen. Das Fleisch mit der Marinade bestreichen und zugedeckt 1 Stunde kühl stellen. Dann aus dem Kühlschrank nehmen und 30 Minuten Zimmertemperatur annehmen lassen.

4. Rucola waschen und trocken schleudern, grobe Stiele entfernen, die Blätter nach Belieben etwas klein zupfen. Unter den Bohnensalat mischen, den Salat noch mal abschmecken.

5. Das Fleisch auf dem heißen Grill auf beiden Seiten je etwa 2–3 Minuten grillen, bis es gut gebräunt ist. Dann salzen und pfeffern und am Rand der Grillzone bei schwacher Hitze 4–6 Minuten sanft fertig garen, dabei einmal wenden. Mit dem Salat servieren, nach Belieben noch etwas Parmesan darüberreiben.

Zubereitung: 35 Min.

Marinieren: 90 Min.

Eiweiß-Booster

LAMMLACHSE MIT KICHERERBSENSALAT

Das ist für mich echtes Powerfood. Und der Salat ist dank der Kichererbsen nicht nur was für Mädchen. Zusammen mit den Lammlachsen haben auch echte Kerle Spaß an diesem Gericht. Auch am nächsten Morgen auf der Waage!

FÜR 2 PERSONEN

2 EL Olivenöl
2 TL Za'atar (orient. Gewürzmischung)
1½ TL Honig
abgeriebene Schale von 1 Bio-Zitrone
1 Knoblauchzehe
2 Stücke Lammlachs (à 150 g)
150 g Kichererbsen (aus der Dose)
1 rote Zwiebel | 50 g Baby-Spinat
2 Stiele Petersilie
4 getrocknete Tomaten (in Öl)
2 EL Aceto balsamico
je ½ TL gemahlener Kreuzkümmel,
Koriander und Paprikapulver
(edelsüß)
Salz | Pfeffer aus der Mühle

Pro Person: ca. 365 kcal,
37 g EW, 14 g F, 18 g K

1. Für die Marinade 1 EL Olivenöl, Za'atar, ½ TL Honig und Zitronenschale verrühren, Knoblauch schälen und dazupressen. Das Fleisch mit der Marinade einreiben und 1 Stunde ziehen lassen.

2. Inzwischen für den Salat die Kichererbsen in ein Sieb abgießen, kalt abspülen und abtropfen lassen. Die Zwiebel schälen, halbieren und in Streifen schneiden. Den Spinat waschen und trocken schleudern, grobe Stiele entfernen. Die Petersilie waschen und trocken tupfen, die Blätter abzupfen. Die Tomaten trocken tupfen und in feine Würfel schneiden. Alle vorbereiteten Zutaten in einer Schüssel mischen.

3. Für das Dressing Essig, restlichen Honig, Gewürze und übriges Olivenöl verrühren und mit Salz und Pfeffer würzen. Das Dressing mit dem Salat mischen und den Salat mit Salz und Pfeffer abschmecken.

4. Das Fleisch auf dem heißen Grill bei starker Hitze von beiden Seiten je etwa 2 Minuten grillen, bis es gut gebräunt ist. Dann salzen und pfeffern und am Rand der Grillzone bei schwacher Hitze 6–10 Minuten sanft fertig garen, dabei einmal wenden. Mit dem Salat auf Tellern anrichten und servieren.

Zubereitung: 35 Min.

Marinieren: 1 Std.

Einfach

PFEFFERSTEAKS MIT SELLERIESALAT

Auch Hanfsamen sind ein echtes Superfood, wenn man auf die Liste der gesunden, teils lebenswichtigen Inhaltsstoffe schaut. Sie sind übrigens auch ganz toll morgens im Müsli, wie zum Beispiel im Low-Carb-Porridge auf Seite 20.

FÜR 2 PERSONEN

2 EL saure Sahne
2 EL Balsamico bianco | 1 EL Rapsöl
1 TL Dijon-Senf | 2 TL Honig
½ TL Currypulver
Salz | Pfeffer aus der Mühle
3 Stangen Staudensellerie
1 Apfel (z.B. Elstar)
1 EL Zitronensaft
2 EL Hanfsamen
70 g Bergkäse (z. B. Stilfser)
50 g Blattsalat (z. B. Feldsalat, Baby-Spinat, Postelein oder Baby-Kale)
2 Rinderhüftsteaks (à 200 – 250 g; 2½ cm dick)
grober Steakpfeffer

Pro Person: ca. 620 kcal, 61 g EW, 31 g F, 19 g KH

1. Für das Dressing saure Sahne mit Essig, Öl, Senf, Honig und Currypulver verrühren. Mit Salz und Pfeffer abschmecken.

2. Den Sellerie putzen, waschen und in dünne Scheiben schneiden. Den Apfel waschen, ebenfalls in dünne Scheiben schneiden. Beides mit Zitronensaft beträufeln, salzen und beiseitestellen.

3. Die Hanfsamen in einer Pfanne ohne Fett anrösten, bis sie knacken und es anfängt zu duften. Dann sofort herausnehmen. Den Käse entrinden und in kleine Würfel schneiden. Den Blattsalat waschen und trocken schleudern, gegebenenfalls grobe Stiele entfernen. Alle Salatzutaten in einer Schüssel mischen.

4. Die Steaks trocken tupfen und auf dem heißen Grill kurz grillen, bis sie ganz leicht Farbe bekommen haben, dann wenden und auf der anderen Seite genauso grillen. Dann wieder wenden und weitere 3 Minuten grillen, erneut wenden und noch einmal 3 Minuten grillen. Schließlich salzen und kräftig mit Steakpfeffer würzen, in Alufolie wickeln und am Rand des Grillbereichs 3 Minuten ruhen lassen. Dann die Steaks mit dem Salat auf zwei Tellern anrichten und genießen.

Zubereitung: 35 Min.

Eiweiß satt

Einfach

FERMENTIERTER KRAUTSALAT

Fermentieren ist ja irgendwie Kult und aktuell ein ganz großer Trend. Kohl und Möhren eignen sich hierfür besonders gut. Manchmal frage ich mich echt, wie etwas, das so einfach und kalorienarm ist, so geil schmecken kann.

FÜR 1 GLAS (À 800 ML)

250 g Weißkohl
100 g Möhre
2 rote Perlzwiebeln
2 Stiele Dill
unraffiniertes Meersalz

Pro Person: ca. 60 kcal,
1 g EW, 0 g F, 8 g KH

1. Den Kohl putzen und waschen. Die Möhre putzen und schälen. Beides fein raspeln bzw. hobeln. Die Zwiebeln schälen, halbieren und in feine Streifen schneiden. Den Dill waschen und trocken tupfen, die Spitzen abzupfen und etwas hacken. Alle vorbereiteten Zutaten mischen und in ein Bügelglas (800 ml Inhalt) drücken.

2. Mit einer digitalien Küchenwaage 10 g Meersalz abwiegen und mit 350 ml Wasser verrühren, bis es sich gelöst hat. Die Lake über die Gemüsemischung gießen.

3. Ein Gewicht darauflegen, sodass alles mit Lake bedeckt ist. 4 Tage bis 1 Woche an einem dunklen Ort bei Zimmertemperatur fermentieren lassen, dabei sollte die Lake durch die entstehende Milchsäure leicht trüb werden. Danach bis zur und während der Verwendung kühl stellen, um den Fermentationsvorgang zu beenden.

Zubereitung: 15 Min.

Fermentieren: 7 Tage

Milchsauer-Power

MEINE ABSPECK-WOCHE

Jetzt geht's los: Kopiert mehrfach den Wochenplan und die Einkaufsliste und stellt euch ein eigenes Wochen-Ernährungs- und Work-out-Programm zusammen. Kauft nur noch ein, was ihr zum Kochen wirklich braucht – das ist ein Riesenschritt in Richtung Erfolg!

MONTAG:

FREITAG:

DIENSTAG:

SAMSTAG:

MITTWOCH:

SONNTAG:

DONNERSTAG:

WOCHE VOM .... BIS ....

EINKAUFSZETTEL:

- _____
- _____
- _____
- _____
- _____
- _____
- _____
- _____
- _____

- _____
- _____
- _____
- _____
- _____
- _____
- _____
- _____

Ein alter Trick, aber immer wieder gut:
Nie hungrig einkaufen gehen, sonst landen lauter
Dinge im Einkaufswagen, die später wieder
auf die Hüften wandern.

© 2018 ZS Verlag GmbH
Kaiserstraße 14 b
D-80801 München

ISBN 978-3-89883-742-2
1. Auflage 2018

Projektleitung: Kathrin Ullerich
Texte: Ulrike Kraus
Rezeptentwicklung: Martin Kintrup
Lektorat: Ulrike Kraus, Martina Solter
Grafisches Konzept: ZERO Werbeagentur, München
Grafische Gestaltung: Julia Arzberger
Satz: Christopher Hammond
Rezept- und Porträtfotos: Jo Kirchherr
Foodstyling: Michael Schlemmer
Herstellung: Frank Jansen
Producing: Jan Russok
Druck & Bindung: optimal media GmbH, Röbel

Detlef Steves wird vertreten durch IP Deutschland GmbH,
Licensing Solutions

Die ZS Verlag GmbH ist ein Unternehmen der Edel AG, Hamburg.
www.zsverlag.de | www.facebook.com/zsverlag

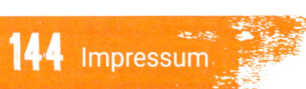